BITCOIN

by
Rafael A. Herrera S.

Guía paso a paso para Entender las Criptomonedas como el Bitcoin y comenzar a generar dinero dominando todos los aspectos del Trading.

INTRODUCCIÓN

Dejame ser el primero en felicitarte!. Estas apunto de entrar a un mundo de éxitos completos.

En este momento estamos entrado a una época total mente diferente, la cual nos permite hacer dinero desde la comodidad de tu casa con cosas tan simples como una computadora. Una de las formas es el famoso BITCOIN y las CRIPTOMONEDAS, las cuales se encuentra en augue hoy en dia.

Te invito a sumarte a esta gran movida mundial la cual nos incita a cambiar por completo nuestra manera de pensar sobre las monedas físicas, pero primero tenemos que saber todo sobre las mismas para poder comenzar a ganar dinero a través de ellas.

Estos puntos veremos en el libro primero de manera superficial y luego en profundidad:

Un poco de historia

¿Qué son las cripto moendas?

¿Que es el Bitcoin?

¿Cómo funciona?

Trading con Bitcoin - Cómo empezar

Bitcoin en 2020

¿Qué es minar criptomonedas?

¿Minar criptomonedas es costoso?

Equipos necesarios para la minería

Dificultad de minado.

Y mucha mas información necesaria para comenzar

Esto y muchos aspectos mas se veran en este libro, tando de manera superficial en un comienzo para ir tomando ideas y luego de manera mas y mas profunda.

Bitcoin es una criptomoneda, eso quiere decir que no posee control de ningún tipo por gobiernos entidades solo por los usuarios quiere decier que es: digital, descentralizado, abierto, universal, de uso voluntario, no tiene problemas contra la inflación, libre de intermediarios no deseados como por ejemplo el banco.

BTC - UN POCO
DE HISTORIA

Se cree que Bitcoin fue creado por Satoshi Nakamoto, quien anunció la invención el 31 de octubre de 2008 en una lista de correo criptográfico en un trabajo de investigación llamado Bitcoin: un sistema de caja electrónico peer to peer.

Lo que es más interesante es que su nombre es probablemente un alias usado por la persona desconocida, o personas, que originalmente diseñaron Bitcoin.

En 2016, el empresario australiano, Craig Wright, se declaró 'Mr. Bitcoin', una afirmación que ha sido ampliamente aceptada por miembros prominentes de la comunidad Bitcoin.

La historia financiera del Bitcoin se origina en 2010, el 22 de mayo, cuando alguien compró una pizza. Si no has oído hablar de este evento revolucionario, no te preocupes, no eres el único...

Bitcoin Pizza Day

La pizza no era la parte más importante de la transacción sino lo que se utilizó para pagar por ello. La comida costó 10 000 Bitcoins, primera vez que esta moneda virtual se utilizó para comprar algo en el mundo real.

Ese día se conoce ahora como el 'Bitcoin Pizza Day' y se celebra anualmente por los entusiastas de esta criptomoneda.

Las cosas han cambiado desde entonces. El uso y el valor del

Bitcoin se ha disparado. Si ese comensal se hubiera apoderado de esos 10 000 Bitcoins, tal vez no habría hecho historia pero sí hubiera obtenido un gran rendimiento.

BITCOIN | ¿QUÉ ES BITCOIN?

El Bitcoin es una moneda digital o criptomoneda que utiliza criptografía para asegurar las transacciones dentro de su infraestructura, lo que representa una base de datos online distribuida, también llamada blockchain.

La abreviatura de Bitcoin es BTC y con ella se aplica el mismo principio que con el USD (dólar estadounidense) y el EUR (Euro), es decir, se puede emparejar con otras monedas. En ese caso, el nombre del contrato Bitcoin CFD podría ser, por ejemplo, Bitcoin vs CFD dólar estadounidense, o BTC / USD. En este artículo explicaremos, entre otras cosas:

- ¿Cómo funciona el BTC?
- ¿Cómo se crea un Bitcoin?
- ¿Cómo operar con Bitcoin?
- Estrategias de trading Bitcoin

BITCOIN - ¿CÓMO FUNCIONA?

El Bitcoin ofrece la oportunidad de hacer pagos peer-to-peer (P2P) rápidos, seguros y de bajo coste sin la necesidad de un banco o un procesador central.

Las transacciones del sistema se realizan directamente entre las carpetas digitales de los usuarios y se verifican en la cadena de bloques. Las transacciones están firmadas digitalmente con claves privadas únicas, lo que demuestra que provienen del propietario de la cartera.

La tecnología Blockchain

Blockchain es esencialmente un registro público descentralizado de todas las transacciones de Bitcoins que se han ejecutado. Un cierto número de transacciones forma una unidad de base de datos, llamada "bloque", y cada bloque almacena información sobre el bloque anterior, así como cada transacción almacena información sobre su transacción precedente. De esta forma, la cadena de bloques permite una total transparencia de los pagos.

La infraestructura de bloques de Bitcoins introdujo un método revolucionario para el almacenamiento de datos financieros que es accesible a cualquier persona, totalmente transparente, codesarrollado utilizando un código abierto y sin pertenecer a ninguna persona o entidad. En su lugar, el mantenimiento de la cadena de bloques se realiza utilizando el poder colectivo de millones de ordenadores que verifican las transacciones y las añaden a los "bloques".

Las transacciones verificadas de manera colectiva no se pueden modificar ni eliminar, por lo que todos los pagos de Bitcoin son definitivos e indiscutibles.

BTC - ¿Qué es un Bitcoin? ¿Cómo se crea?

Una vez que se crea un nuevo bloque en la cadena de bloques, se recompensa con 12,5 Bitcoins, lo que ocurre aproximadamente cada 10 minutos.

Esta es una recompensa para el llamado proceso de "minería" o "mining", que está gastando la energía eléctrica y el poder de los ordenadores en el mantenimiento de la red.

La minería involucra a muchas personas y empresas especializadas en todo el mundo y crea el valor básico del Bitcoin.

BTC - Oferta vs demanda

El sistema genera nuevos Bitcoins automáticamente y se autorregula la velocidad de este proceso para que no haya manera de eludir las reglas globales y ganar bitcoins más rápido que con las inversiones en hardware de minería y gastando más en facturas de electricidad.

La recompensa por bloque se reducirá a la mitad en 2020 y continuará reduciéndose a la mitad cada 4 años, hasta que se generen 21 millones de Bitcoins. Esto significa que el Bitcoin tiene un potencial fundamental para el crecimiento del valor.

La imagen muestra que hay más de 16 millones (76 % del total) de Bitcoins en oferta en 2018. La imagen también indica un rápido crecimiento en su oferta entre la fecha de inicio 2009 y 2013. Hemos visto que durante el 2018 el valor de las criptomonedas se desplomó, por lo que tendremos que estar pendiente del efecto que esto puede tener en su demanda.

Trading con Bitcoin

El Bitcoin es un activo volátil, con cambios diarios de precios superiores al 10 %, lo que hace que sea considerablemente arriesgado para la inversión y el trading. Ten en cuenta que el rendimiento pasado no garantiza el éxito futuro.

Como podemos ver en el gráfico, durante el año 2017 el mercado de las criptomonedas aumentó un 2 000 %. Sin embargo, en 2018 este mercado se dio la vuelta y se desplomó provocando una pérdida en términos de capitalización de unos 700 000 millones de dólares. Un desplome que se podría haber aprovechado invirtiendo en Bitcoin a través de CFDs, instrumentos que permiten operar en corto y aprovechar la tendencia bajista.

Evolución semanal del BTCUSD desde Julio de 2016 hasta septiembre de 2019. Gráfico elaborado el 25 de septiembre de 2019. Ten en cuenta que el rendimiento pasado no es un indicador fiable de resultados futuros.

Las causas del desplome de 2018 fueron:

- Ofertas de monedas iniciales ilegales (ICOs)
- Blanqueo de capitales
- Evasión fiscal
- Robos cibernéticos
- Cambios en los mercados
- Baja regulación o inexistente en algunos casos
- Excesiva especulación

Como podemos ver en el gráfico de más arriba, el BTC ha iniciado de nuevo una tendencia bajista y cotiza por debajo de 9 000 dólares.

Cómo operar CFDs Bitcoin

Operar con CFDs sobre Bitcoin probablemente no sea muy diferente a operar con cualquier otro par de divisas, commodity o CFDs que registren una fuerte tendencia.

Lo interesante de las operaciones radica en su diversidad, y a través de estudios de acción del precio, los traders deberían poder obtener ganancias que los hagan financieramente independientes y estables. Los traders de CFD de Bitcoin deben enfocarse en:

1. Seguir la tendencia
2. Gestión adecuada del dinero
3. Concentrarse en las sesiones principales: Londres, Nueva York y Tokio.

Comprar en las bajadas de precios en BTC/USD es importante porque le da a los traders la oportunidad de unirse a la mayoría del mercado y seguir el impulso.

La gestión adecuada del dinero es el santo grial del trading, y si se aplica correctamente en un entorno de fuerte tendencia, teóricamente debería generar un ROI enorme.

Los traders deberían centrarse definitivamente en las principales sesiones de negociación, ya que los principales centros de trading ofrecen la mayor volatilidad en BTC/USD.

También se debe mencionar que sólo deberías operar con CFDs sobre Bitcoin con un bróker de Forex y CFDs regulado.

TRADING CON BITCOIN
- CÓMO EMPEZAR

Sí, es posible operar con criptomonedas a través de AdmiralMarkets, incluido el BTC/USD. Los traders pueden acceder al BTC/USD y a otros pares de criptomonedas utilizando tanto la MetaTrader 4 como el pluginMetaTrader 4 SupremeEdition.

El proceso es tan simple como seguir los siguientes pasos:

- Descargar/abrir MT4
- Abre una nueva cuenta o inicia sesión
- Abre un gráfico de bitcoin vs dólar (BTCUSD)¡Comienza a operar!

Bitcoin - Seguridad

El Bitcoin es totalmente transparente. Todas las transacciones de Bitcoin son públicas, rastreables y permanentemente almacenadas en la red de Bitcoin. Las direcciones de Bitcoin son la única información utilizada para definir dónde se asignan los Bitcoins y dónde se envían.

Estas direcciones son creadas privadamente por las carpetas de cada usuario. Dado que los usuarios normalmente tienen que revelar su identidad para recibir servicios o bienes, las direcciones de Bitcoin no pueden permanecer completamente anónimas. La red Bitcoin es una red peer-to-peer, y es posible registrar las direcciones IP del usuario.

La situación jurídica varía de un país a otro, pero la lista de países que aceptan la BTC está en constante expansión.

El Bitcoin opera con independencia a cualquier banco central, a diferencia de otras monedas como el dólar estadounidense y el euro.

La red de Bitcoin no tiene ningún otro punto central o administrador, lo que lo convierte en una moneda digital descentralizada.

El valor fundamental del Bitcoin se genera a través de la "minería" y está estrechamente ligado a los costos de electricidad y hardware, mientras que el resto de su valor se ve impulsado por su cantidad limitada, proceso de generación lento y demanda creciente.

El Bitcoin se está extendiendo por todo el mundo como un método de pago válido para el cual puedes comprar varios bienes y servicios, lo que está impulsando aún más la demanda.

Las regulaciones varían país por país. Por el momento, sólo Japón reconoce oficialmente al Bitcoin como dinero, mientras que en otros países aún no existe una legislación específica.

Pero se puede esperar a que los reguladores financieros nacionales estén cada vez más interesados en el Bitcoin y otras monedas virtuales, siempre y cuando las tecnologías de bloques se estén extendiendo rápidamente y el tamaño de la economía criptográfica esté creciendo.

Bitcoin CFD - Estrategias Scalping

Recomendamos una estrategia de scalping para aprovechar la volatilidad a tu favor. El scalping sobre el par BTC/USD se realiza utilizando una excelente estrategia con el doble MACD que también cubrimos en el curso ForexBegins.

Debido a la volatilidad y la tendencia, esta estrategia es adecuada para operar CFD BTC/USD en marcos temporales más cortos, como m5.

La estrategia para operar en CFD BTC / USD utiliza:

- 2 EMA (medias móviles exponenciales), 34 y 55,
- 2 estocásticos superpuestos (8,1,3 y 13,1,3),
- el indicador MACD2Line (34,89,34) o el MACD MT4 predeterminado si no tienes el MACD2Line,
- AdmiralMarketsPivot que está disponible con la MetaTrader 4 SupremeEdition.

Si quieres puedes crearte una calculadora PivotPoints en excel pero sería muy engorroso. También hemos incluido una plantilla completa con todos los indicadores que puedes cargar automáticamente en tu MT4.

Ésta es la forma de configurarlo en tu gráfico:

1. Sobre tu gráfico 5M de BTC/USD;

2. Introduce las EMA 34 y 35. La EMA azul es la de 34 y la roja es la de 55;

3. Añade el MACD (34,89.34);

4. Añade el indicador estocástico (8,1,3) y (13,1,3) superpuesto en la misma ventana.

5. Por último, añade el indicador AdmiralPivot en pivots diarios.

1. Compra en CFD BTC/USD cuando la EMA 34 azul esté por encima de la EMA 55 roja.
2. El precio necesita retroceder hacia las EMAs. Lo ideal sería que se apoyara en las EMAs o que retroceda ligeramente por debajo de ellas.
3. El MACD está por encima de 0 (o el MACD debe mostrar un histograma azul si usa la plantilla de ForexBegins).
4. Cualquiera de los estocásticos debe estar por debajo de 20 y apuntando hacia arriba (lo ideal es que cruce el 20 desde abajo).
5. El objetivo es el siguiente AdmiralPivot con el stop-loss por debajo del anterior swing low.

Estrategias Intradia de Trading para CFDs sobre Bitcoins

Para operar cfd con el bitcoin en marco temporal intradía, es posible que quieras utilizar la estrategia de scalping varias veces al día, o, si tienes un trabajo diario y no dispones de tiempo suficiente para el scalping, es posible que quieras utilizar una estrategia de trading diaria.

Esta estrategia para operar cfd sobre el bitcoin involucra al MACD con los indicadores RSI y CCI.

Para poder aplicar esta estrategia deberás descargar la MetaTrader 4 SupremeEdition, ya que requiere el indicador AdmiralPivot. El indicador AdmiralPivot ofrece una personalización sin precedentes que se adapta tanto para tradersintradía como a más largo plazo.

Los indicadores utilizados para esta estrategia son:

1. RSI (10, cierre)
2. CCI (14, precio típico HLC/3)
3. MACD (12,26,9)
4. AdmiralPivot

La estrategia se lleva a cabo en el marco temporal M30. Los traders comprarán en el CFD BTC/USD cuando:

1. MACD>O
2. RSI>50
3. CCI>0
4. El precio está ligeramente por encima del soporte del Pivot Point.

El stop-loss se coloca por debajo del punto de entrada, mientras que el objetivo es la resistencia del AdmiralPivot. En tendencias fuertes, esta debería ser una estrategia de trading CFD exitosa para el BTC/USD.

Ten en cuenta que el rendimiento pasado no es un indicador fiable de resultados futuros

BITCOIN EN 2020

Como ya hemos comentado el mercado de las criptomonedas es muy volátil lo que requiere disponer de productos flexibles que te permitan adaptarte a esta volatilidad con la rapidez que exige el mercado.

A continuación veremos algunas de las ventajas del trading con Bitcoin través de CFDs:

1. Apalancamiento hasta 1:2
2. Posibilidad de operar las 24 horas los 7 días de la semana en pares con cruces con el EUR
3. Posibilidad de abrir tanto posiciones largas como cortas

Estas flexibles condiciones de trading se deben al hecho de que el trader simplemente está especulando sobre el movimiento del precio del activo subyacente (el Bitcoin o la criptomoneda con la que está operando), en lugar de poseer el activo.

¿Qué es Blockchain?

"La tecnología Blockchain ó cadena de bloques, es un mecanismo ó un sistema innovador digital que garantiza la validez de la información, esta evolución tecnológica propone una nueva forma de proveer seguridad en todo tipo de transacciones. Sus procesos se basan en la criptografía donde se ejecutan sofisticados algoritmos matemáticos que proporcionan seguridad, rapidez y bajo costo".

Blockchain es un gran invento tecnológico de "Satoshi Nakamoto". Para entender a esta tecnología, básicamente se puede definir a través de las siguientes características:

- Es una base de datos descentralizada que funciona como un libro digital incorruptible de transacciones.
- Permite que la información digital se distribuya, sin que sea copiada en ningún lugar, además de mantener altos los niveles de **seguridad**.
- Toda la información que se guarda en una cadena de bloques, existe en una base de datos compartida. Debido a que la base de datos de Blockchain no es almacenada en solo una ubicación, lo cual quiere decir que todos los registros son fáciles de identificar.
- Es accesible para todas las personas en Internet, ya que se aloja en millones de computadoras enlazadas simultáneamente.

Para comprender completamente el proceso de minería, es vital tener una idea clara de qué son las criptomonedas.

Blockchain la Innovación Tecnológica que dio Origen a las Criptomonedas

A partir de esta revolucionaria tecnología se ha creado un medio novedoso de intercambio digital, nos referimos a: "Las "Monedas Digitales" ó "Criptomonedas", operan a través de la criptografía, con el objetivo de asegurar y verificar las transacciones financieras y controlar la creación de unidades adicionales de la criptomoneda".

En el año 2009 se dio a conocer la primera criptomoneda descentralizada que transformó el mundo financiero, nos referimos a "Bitcoin". Esta moneda digital fue diseñada para eliminar a los intermediarios en las transacciones comerciales, descentralizando toda la gestión y dando el control del proceso a los usuarios y no a los bancos. Se diseñó para ser operada como un medio electrónico, seguro y rápido para el intercambio universal de bienes y servicios. Sus novedosas características y su volumen de mercado, la posicionan como la número uno en el mundo.

Sin embargo, desde que Bitcoin entró en el mercado, se han creado una gran variedad de criptomonedas, Existen aproximadamente más de 1,300 criptomonedas, a las que se les ha denominado: monedas alternativas ó altcoins, y seguramente el número seguirá creciendo.

La innovación de las criptomonedas está en continua en evolución, al menos cada semana se crea una nueva divisa digital con el propósito de optimizar las ventajas tecnológicas de la cadena de bloques y aprovechar su uso en los diferentes sectores. Esta nueva tecnología está favoreciendo no solo al sector económico sino también a los sectores financieros, comerciales, industriales y gubernamentales.

Regularmente las empresas al anunciar una nueva criptomoneda, realizan ofertas iniciales, a esta herramienta se le conoce como ICO (Initial Coin Offering) ó también Oferta de Tokens, permitiendo recolectar fondos a través de la emisión de fichas ó tokens. Las criptomonedas que se han destacado por ser muy prometedoras, lograron percibir millones de dólares en su primer ICO, podemos mencionar a Bitcoin, Ethereum, entre otras.

Como es bien sabido las criptomonedas al igual que las monedas tradicionales, requieren de tener un control y un saldo, así como una verificación y una validación, estas tareas son regularmente realizadas por los bancos, en los cuales se mantienen los registros de las transacciones monetarias, asegurando que sean imposibles de falsificar además de poder implementarles un seguimiento. Por lo que podemos afirmar que los bancos controlan todo lo referente a la economía de los países.

El modelo que propone la tecnología Blockchain, es llevar los registros financieros por toda la red, esto significa que estará operando de manera descentralizada en una red de miles de nodos ó de un grupo de millones de computadoras interconectadas entre sí, cuyo objetivo será la verificación de las transacciones para posteriormente integrarlas a la Blockchain de manera pública, lo que impedirá que se realice algún fraude.

La ventaja de utilizar este método para mantener los registros en los que se basan las criptomonedas, es que se puede impedir que se realice un doble gasto del mismo dinero. Esta ventaja es evidentemente muy importante, por lo que a continuación describiremos qué es y cómo funciona la minería de las criptomonedas.

¿QUÉ ES MINAR CRIPTOMONEDAS?

Actualmente los gobiernos cuentan con un sistema monetario encargado de imprimir el "dinero", a este medio de cambio se le considera de uso legal y sirve para la compra de bienes ó servicios. En el universo de las criptomonedas, el dinero no se crea sino que se tiene que descubrir, a este proceso se lo conoce como minería.

"La minería de criptomonedas se puede definir como el conjunto de procesos necesarios para poder realizar validaciones así como el procesamiento de las transacciones de una criptomoneda dentro de una Blockchain ó una cadena de bloques".

Los métodos de validación como la minería de criptomonedas, se denominan prueba de trabajo ó PoW y son una de las razones por las que las criptomonedas y la tecnología Blockchain se consideran tan innovadoras.

Es muy importante mencionar que los mineros utilizan potentes dispositivos informáticos, los cuales les ayudan a competir entre ellos para encontrar antes que los demás, la solución de complejos problemas matemáticos. Al encontrar dicha solución, el minero estará resolviendo el problema, por lo tanto las transacciones se verificarán y se añadirán a la cadena de bloques, recibiendo como recompensa, una cantidad específica de la criptomoneda que estén minando.

Incentivar a los mineros con los pagos de una cierta criptomoneda para validar sus transacciones, hace que la moneda digital sea segura y de uso confiable.

La minería también emite y libera la criptomoneda en circulación, lo que aumenta las probabilidades para que los consumidores y traders estén convencidos a adoptarla y aceptarla. Esto provoca un aumento en el valor de la moneda.

¿Cómo funciona la minería?

Para producir las criptomonedas, los mineros utilizan un sistema de minería que se basa en un algoritmo sofisticado, el cual tiene como finalidad liberar bloques de monedas, que posteriormente serán libres de entrar en circulación.

Cada criptomoneda es diferente, por lo tanto cada una de ellas utiliza un algoritmo diferente. Al ir extrayendo cada vez más monedas de una única criptomoneda, será más difícil liberar nuevos bloques así como obtener nuevas criptomonedas. Es importante mencionar que los algoritmos fueron diseñados intencionalmente de esta manera, para poder garantizar que las criptomonedas no puedan ser extraídas en su totalidad de manera inmediata.

La extracción de las criptomonedas es limitada y una vez que se hayan extraído el total de ellas, simplemente no habrá más. Como por ejemplo con Bitcoin, solo se podrán extraer un total de 21 millones de unidades. Una vez que se hayan extraído todas, serán las únicas monedas en circulación por lo que no se podrán agregar más Bitcoins al sistema. Sin embargo esta regla no solo se aplica para Bitcoins sino a cualquier criptomoneda que exista en el mercado.

¿MINAR CRIPTOMONEDAS ES COSTOSO?

Esto se debe a que la inversión es muy costosa, dado que se necesitará realizar la compra de un ordenador bien equipado y especializado, a un lado a esto, los costos de electricidad serán demasiado altos a causa de que al estar explotando continuamente las criptomonedas, los problemas matemáticos que validan las transacciones se vuelven cada vez más difíciles de resolver, por lo que se necesitarán grandes cantidades de electricidad para poder llevar a cabo la alimentación de las plataformas de minería, para que puedan resolver estos complejos problemas, especialmente para las criptomonedas con un suministro limitado, como Bitcoin. De hecho, se prevé que para fines de este año, los mineros de Bitcoin estarán consumiendo más electricidad que en toda Argentina.

Pero si se toma la decisión de minar y contribuir al consumo masivo de energía, es importante verificar los precios de las regiones en las que la energía tiene bajo costo con la finalidad de obtener ganancias.

Nota: No se recomienda utilizar un ordenador portátil, ni tampoco dispositivos de mano, ya que no cuentan con la tecnología apropiada para la operación del sistema de minería y no tienen suficiente energía para generar ningún tipo de ingreso. Las computadoras no se podrán usar mientras se realiza el proceso de minería de las criptomonedas.

Para los que buscan un segundo ingreso, es recomendable comprar criptomonedas con dinero en efectivo en lugar de extraerlas. Para los que están decididos a minar criptomonedas, es importante seguir los siguientes consejos:

Es importante saber que cualquier persona que cuente con el hardware apropiado puede minar desde su casa ó bien desde la nube, comprando poder de minado.

Si se quiere minar criptomonedas por cuenta propia, se debe tomar en consideración, qué tipo de moneda se desea minar, ya que de acuerdo a la moneda será el hardware y software a elegir. Los sistemas más utilizados para minar son Proof-of-Work y Proof-of-Stake. Bitcoin y Ethereum funcionan mediante el sistema Proof-of-work y las criptomonedas como Blackcoin, Nxt y PeerCoin utilizan el sistema Proof-of-Stake.

También existe otro sistema de minería que se usa en grupo, se le conoce como **Mining Pools**, se recomienda para los que estén dispuestos a minar y no tengan los recursos suficientes. Al operar en este tipo de sistema, la recompensa que se obtiene al completar el bloque, será dividida por igual de acuerdo al trabajo de todos los mineros que estén participando. Estos grupos trabajan en conjunto, lo que favorece en la disposición de más recursos para poder trabajar de manera eficaz y rápida.

Antes de decidir minar criptomonedas, se debe realizar un estudio para verificar si efectivamente es un negocio rentable, ya que además del hardware existen otros costos a considerar, como la electricidad que será necesaria para mantener conectada la computadora las 24 hrs. del día y los 7 días de la semana, además de una unidad de procesamiento de gráficos ATI, ó un chip ASIC, los cuales no son baratos para comprar, pero serán esenciales para proporcionar los servicios de contabilidad, también un regulador de energía, un sistema de enfriado de equipos, entre otros.

Una conexión a internet buena, rápida y confiable dará la pauta para minar cualquier tipo de criptomoneda. Si se utiliza una conexión deficiente, simplemente se perderá el tiempo.

Cuando los precios de las criptomonedas se mantienen elevados ó altos, minar criptomonedas puede ser un negocio rentable. Por ejemplo si el precio del Bitcoin es de US$ 6,607 y de Ethereum US $ 227, y analizamos estos valores, los rendimientos que se pueden lograr, en estos casos en particular, pueden ser de hasta el 80 % anual en la nube.

Para no llevarse una sorpresa desagradable hay que ser muy conscientes que la minería es un negocio de alto riesgo, debido a que los precios están en constante variación y si de pronto hubiera una caída extrema de los mismos, no se podrá recuperar la inversión que se hizo inicialmente.

Hacer minería en la nube puede ser recomendable pero es importante entender antes cómo funciona el negocio. Hay que ser muy cuidadoso a la hora de elegir a la empresa ya que si no se es un inversor profesional puede caer en alguna estafa ó fraude.

De acuerdo a sus características, más del 90% de las criptomonedas que están circulando se pueden minar, destacándose Bitcoin, Ethereum, Litecoin, Dash, etc. Es recomendable tomar la minería como un instrumento ó activo financiero dentro de nuestras inversiones, y no destinar todo el capital a este rubro. Aunque se perciba un futuro prometedor de las criptomonedas nunca se debe apostar todos los recursos económicos en un solo negocio.

Con la lista anterior podemos observar que fundamentalmente, cualquier persona puede explotar las criptomonedas; Sin embargo para minar criptomonedas adecuadamente, se debe tener un gran interés por aprender constantemente y mantenerse al día sobre cualquier cambio tecnológico. También se debe contar con un presupuesto inicial para poder equipar el ordenador y contratar los servicios requeridos.

La minería de Bitcoin es un proceso realmente complejo; el cual, debe ser ejecutado por máquinas y ordenadores de cierta capacidad. Por lo tanto, el costo de la obtención de tokens se relaciona con distintos factores. Así que, es necesario analizar cada uno de ellos, para así poder obtener un estimado de cuánto cuesta minar un BTC en la actualidad.

Cuánto dinero puede costar minar Bitcoin: ¿Es realmente rentable?

Antes de comenzar a minar Bitcoin, es recomendable conocer con propiedad cuánto cuesta hacerlo; esto debido a que, así es posible determinar si es rentable o no. Cabe mencionar que, esto dependerá de los siguientes factores:

Equipos necesarios para la minería

Como bien se ha mencionado, para minar se deben utilizar equipos especializados, los más populares y recomendables son los ASIC; también llamados Antminer. Asimismo, también se utilizan las GPU, pero estas no presentan tanta efectividad como las ASIC, por lo que se toman como una segunda opción (o complementaria).

La rentabilidad de la minería con tarjetas gráficas (GPU) ha disminuido de forma masiva con la llegada de los equipos Antminer o ASIC. Todo esto se debe a que, los ASIC ofrecen una taza de TH/s bastante alta en comparación con las tarjetas gráficas.

Sin embargo, a pesar de la gran cantidad de TH que pueden ofrecer estos equipos, también poseen un precio bastante alto, el cual varía dependiendo de cada uno. En promedio, una ASIC puede tener un precio que va desde los 1000 a 3000 USD. Mientras que, las GPU se encuentran entre los 200 y 1000 USD, pero resulta más rentable tener varias, por lo que el gasto es comparable con la adquisición de una ASIC.

Actualmente, las compañías fabricantes de estos equipos se encuentran mejorando cada día su producto. Debido a que, tienen que prepararse para el próximo halving; el cual, disminuirá las ganancias que obtienen los mineros. Es por ello que, siempre se recomienda a los mineros invertir en un equipo sofisticado, para así poder sacar el mayor provecho.

Servicios de electricidad

Para la minería, es necesario tener en funcionamiento continuo los equipos; además, al ejecutar tareas tan complicadas, aumenta su consumo. Es por ello que, el gasto de electricidad que implica es realmente alto.

Sin embargo, el importe a pagar por la energía eléctrica dependerá de distintos factores, tal y como: las normativas y políticas aplicadas en el país en que se vive. Todo esto se debe a que, en algunos países los habitantes poseen un servicio de tarifa plana (se observa en países poco desarrollados). Mientras que, en la mayoría de naciones se paga por consumo.

Ahora bien, según un estudio realizado por el banco holandés ING, para validar una transacción de BTC se consumen 211 kWh. Dicho consumo, tiene la capacidad de suministrar un hogar durante un mes; de allí que, las facturas eléctricas de aquellos que minan BTC sean tan altas.

¿Realmente es rentable minar BTC?

La rentabilidad que implica minar Bitcoin es algo que depende directamente del país en el que se habita; todo esto debido a que, generalmente son los gastos en energía eléctrica los que pueden reducir las ganancias, al punto de transformarlas en pérdidas.

Ciertamente, la minería de BTC es poco rentable para países que cobran altas tarifas por el consumo este servicio; no obstante, todavía hay unas pocas naciones donde es rentable. En este sentido, las opciones que más destacan, son:

- **Georgia:** Se encuentra entre los primeros puestos debido a lo barata que es la electricidad en este país, tanto así que la extracción de un BTC cuesta unos 3,500 USD (sólo cubriendo gastos de electricidad).
- **China:** Es otra de las opciones más recomendables para minar, ya que su energía eléctrica tiene un precio bajo. Sin embargo, los criptomineros chinos se encuentran vulnerables ante todas las restricciones del país.
- **Venezuela:** Es la opción más barata para minar Bitcoin, esto debido a que tiene los costos más bajos de energía eléctrica; de hecho, se estimó que la extracción de un BTC costaba unos 550 USD (febrero 2018), cuando la criptomoneda cotizaba en 12.000 USD.

Ciertamente, la minería cada vez se vuelve un proceso menos rentable para países con alto nivel de desarrollo; puesto que los gastos en electricidad son realmente altos. Sin embargo, esto no quiere decir que para otros criptomineros sea poco rentable.

No obstante, es importante tener en cuenta que el ahorro en electricidad no es todo, ya que también existe otro factor que influye notablemente en la rentabilidad de minar BTC. Se trata de la **sustitución del hardware**; la cual, puede implicar un gasto de miles de dólares, ya que los equipos de nuevas tecnologías son relativamente costosos.

¿Existe otro método para minar Bitcoin, que sea más rentable?

Debido a lo poco rentable que resulta minar un BTC (para algunas personas), se ha implementado un método, que permite ejecutar el proceso de extracción de BTC; pero sin que requiera el uso de tantos recursos. Se trata del **Cloud Mining**.

La minería en la nube, también llamada Cloud Mining, es un método que emplea un ordenador común e Internet, para así conectarse a la nube y poder resolver los algoritmos desde allí. El proceso se ejecuta de forma remota, por lo que no se requiere el uso de un hardware especial, ya que se debe contratar a un tercero para que alquile dicho hardware.

Ciertamente, es un método que ofrece menos beneficios, ya que es necesario pagar una tarifa a la compañía que se contrate y no se tiene tanta independencia. No obstante, puede ser útil para evitar los gastos en electricidad.

Minar desde un ordenador común: ¿Cuál es el costo?

A pesar de que muchos aficionados desean comenzar a minar criptomonedas, lo cierto es que para una persona promedio no es rentable. Todo esto se debe a que, un equipo con capacidad regular puede minar a una velocidad de al menos 32 MH/s o menos; lo cual, es una ganancia insignificante, en comparación a lo que se está sacrificando.

En este escenario, las ganancias serían de aproximadamente USD 3.5 diarios; sin embargo, no serían suficientes para cubrir el gasto de consumo eléctrico o del mantenimiento del ordenador, que podría superar fácilmente los 1000 USD. Es por ello que, para minar criptomonedas se recomienda adquirir los equipos necesarios.

Actualmente, nos encontramos a la espera del próximo halving de Bitcoin (estimado para el 2020), un proceso que complicará la minería y reducirá el número de tokens que es entregado a los criptomineros. Por lo tanto, el nivel de rentabilidad de la minería, se verá reducido a la mitad.

Sin embargo, la reducción de la emisión de BTC afecta positivamente, ya que la cotización del activo aumenta. Por lo tanto, a pesar de que los criptomineros comenzarán a recibir menos tokens, éstos tendrán mayor valor.

No obstante, gracias al aumento en la complejidad de la minería, será necesario invertir en hardware de capacidad alta, para así tener éxito y apreciar la rentabilidad.

En conclusión: ¿Cuánto se gasta actualmente para minar un BTC?

Como bien se ha mencionado, esto depende directamente del hardware que se adquiera, así como también de los gastos por consumo eléctrico y lo que cuesten en donde se habita.

Así que, para tener una idea sólo es necesario determinar el importe de una factura de electricidad, por el consumo de 211 kWh; más el precio del rig de minería, el cual siendo de una capacidad relativamente alta podría costar entre 5000 y 7000 USD. Es decir que, para minar el primer BTC, se podrían estar gastando entre 8000 y 10.000 USD; esto si se incluyen todos los gastos.

Ciertamente, eso deja un margen de ganancia casi nuño (si es que no deja pérdidas). Sin embargo, se debe considerar que con un rig de minería es posible obtener muchos tokens; por lo que, se trata de una buena **inversión a largo plazo.**

¿Es posible minar desde el hogar?

Existe una gran variedad de equipos que pueden ser utilizados para minar criptomonedas, sin embargo, el individuo debe conocer qué tipo de criptomoneda minará, esto se debe a que existen ciertas criptomonedas como Bitcoin o Litecoin, que poseen algoritmos intensivos en procesamiento, estas criptomonedas pueden ser minadas con equipos ASIC, aparatos que sólo deben ser configurados y conectados a una fuente de energía.

Los equipos ASIC están diseñados únicamente con la finalidad de minar criptomonedas, por lo tanto, no son adquiridos para usarlos con fines domésticos, debido a que su tecnología se encarga de generar los códigos que serán transformados en criptomonedas.

Las criptomonedas que funcionan con algoritmos intensivos en memoria, como Zcash o Ethereum requieren de un conjunto de hardwares que estén capacitados para minar, por lo tanto, el individuo o minero en cuestión puede armar su propio equipo casero, obteniendo las piezas necesarias.

¿Cuáles son las categorías de los equipos mineros?

La minería desde el hogar es posible, sin embargo, el minero potencial debe conocer qué tipo de hardware utilizará, pues en lo que respecta a equipos de minería se dividen en dos categorías:

- **Minería a través de GPU:** para comenzar a minar es necesario armar un ordenador con varias tarjetas gráficas.
- **Minería a través de CPU**: es posible minar utilizando el procesador del ordenador.

La evolución en relación a la tecnología que se implementa en el software de las GPUs, las vuelve más eficientes en comparación a los CPUs. No obstante, es necesario para el individuo establecer la cantidad de dinero que espera invertir en los equipos de minería, ya que el proceso requiere un análisis previo en relación al costo, rendimiento del equipo, y consumo eléctrico.

Armar un rig minero

La mayoría de los mineros profesionales utilizan un *rig* de minería, estos son los sistemas que minan criptomonedas, los requisitos básicos para armar un rig de minería son:

- Una o varias GPUs que posean al menos 4 GB de me-

moria: 300 a 750 USD por unidad.
- Placa base: 80 a 150 USD.
- Fuente de poder o PSU que posea las conexiones suficientes para utilizar las GPUs, y el consumo de energía: 150 a 300 USD.
- Procesador: 50 a 110 USD.
- Disco duro: 40 a 90 USD.
- Memoria RAM compatible con el procesador: 30 a 70 USD.
- Case abierto: 200 a 280 USD.

Existen otros componentes que pueden ser necesarios para comenzar a minar, que no poseen un costo sumamente excesivo, entre estos se encuentran:

- Monitor
- Programas de minería
- Teclado y mouse
- Router Wi-Fi
- Cables y conectores
- Adaptador Wi-Fi USB

¿Cuál es el valor por el servicio eléctrico en la mayoría de los países?

El costo del servicio eléctrico es uno de los aspectos que deben considerarse al minar, esto se debe a que cuando el individuo posea el equipo de minería, será necesario mantenerlo encendido para así obtener mayores resultados, en caso de que el servicio eléctrico sea calculado por el uso del individuo, las facturas por el servicio incrementarán considerablemente.

Es por ello que el individuo que desee comenzar a minar debe conocer cuál es el costo mayor que puede tomar en relación al servicio eléctrico, esto se debe a que la minería comenzará a generar las ganancias a largo plazo.

¿En qué países es rentable minar?

Es conocido que en los países subdesarrollados, (generalmente los latinoamericanos) es sumamente rentable la minería de criptomonedas, esto se debe a que costo del servicio es sumamente bajo, sin embargo, existen países desarrollados como Canadá, que cuentan con un servicio de electricidad económico.

¿Cuáles son las criptodivisas con mayor facilidad de minado?

Existe una gran cantidad de criptomonedas, las cuáles no comparten ciertas políticas, sin embargo, una de las cualidades que existe en la mayoría de estas, es la minería, entre las criptomonedas minables se encuentran:

- Bitcoin
- Ethereum
- Litecoin
- Dogecoin
- Dash
- Zcash
- Entre otras...

Diferencias entre minar e invertir en criptomonedas

La inversión en las criptomonedas puede ser desfavorable en comparación a la minería, esto se debe a que el invertir en criptomonedas podría ocasionar una pérdida temporal, en caso de que el activo disminuya su valor, posteriormente de haberlo obtenido.

Por otro lado, la inversión en los *rigs* de minería es a largo plazo, debido a la cantidad de equipos obtenidos, otro de los factores positivos de la minería, es que la adquisición del activo es propia, pues el individuo está generando nuevas criptomonedas.

Factores claves antes de invertir para comenzar a minar

Antes de comenzar a invertir para obtener equipos de minería es necesario que el individuo conozca que debe contar con una conexión estable a Internet, así como también debe proveer un servicio estable de electricidad, esto se debe a que los equipos trabajan de forma autónoma, por lo tanto, es necesario mantenerlos encendidos, así habrán mayores ganancias.

La vida de un equipo de minería dependerá del uso que este posea, por lo tanto, es necesario un respaldo del rig minero, o el mantenimiento necesario para que este se mantenga en buenas condiciones.

¿Qué resulta más rentable: La minería de criptomonedas o la adquisición por compra?

La minería de criptomonedas es un proceso fundamental, que forma parte del ecosistema donde operan las monedas virtuales descentralizadas, dicho procedimiento se ha vuelto casi tan popular como las mismas criptodivisas, lo que ocasiona que cada vez sean más las personas y organizaciones que se interesan en minar criptomonedas y esto ha traído consigo una consecuencia y es que la rentabilidad de la minería se ha visto afectada.

¿Para qué sirve la minería de criptomonedas?

La minería de criptomonedas es la actividad que lleva a cabo un ordenador, para poder procesar las diversas transacciones que se ejecutan dentro de una cadena de bloques, su importancia radica en la validación y registro único de cada operación, lo que brinda total seguridad y un correcto funcionamiento del sistema.

La rentabilidad de las criptomonedas en la actualidad: ¿Realmente vale la pena invertir en criptomonedas?

Las criptomonedas han captado la atención de aquellas personas que buscan una oportunidad para realizar una inversión segura, sin embargo, es importante dejar de lado el mito que dice que minar criptomonedas es una actividad que genera dinero sin gran esfuerzo, puesto que dicho proceso tiene sus pro y sus contra, todo depende de la criptomoneda que se está minando y de la capacidad computacional que se tiene.

Para conocer si la minería de criptomonedas es rentable, se debe abarcar absolutamente todo lo relacionado con este proceso, desde la adquisición del hardware, hasta el consumo eléctrico que genere el equipo que se implemente para la minería.

Entre los factores que afectan la rentabilidad, se encuentran los siguientes:

Dificultad de minado

La ganancia de la minería, proviene de resolver un problema aritmético, en un determinado tiempo, con la finalidad de mantener la generación de bloques a un ritmo constante; para ello es necesario que el minero utilice un algoritmo de consenso que determine dicho resultado.

Cada mecanismo de consenso permite que un minero pueda generar un bloque en un determinado tiempo, así mismo, la dificultad puede ajustarse en intervalos de tiempo definidos, dicho ajuste se hace para mantener constante el tiempo de generación de bloques, por ejemplo; Bitcoin ajusta la dificultad cada 2016 bloques, en cambio, Ethereum realiza el ajuste en cada bloque creado.

Es importante mencionar que la dificultad de minado, no tiene nada que ver con la cantidad de transacciones que se ejecutan en la cadena de bloques, ya que la dificultad de minado, está en la cantidad de tiempo que se debe esperar para procesar una cadena de bloques.

Para entender mejor esto, se debe tener presente que en el Bitcoin, se genera una cadena de bloques cada 10 minutos y para evitar que dicha cadena sea resuelta en menos de ese tiempo, lo cual causaría errores en el sistema, se aumenta la dificultad de minado, para que el proceso jamás dure menos de 10 minutos y se mantenga el correcto funcionamiento del sistema.

La dificultad del sistema, se actualiza cada 2016 bloques y esta puede variar, según la cantidad de mineros que haya en el sistema.

Procesadores especializados

Cuando nació el Bitcoin, era posible minar esta moneda con el procesador de un ordenador, sin embargo, hoy en día se puede minar Bitcoin con procesadores más especializados como los ASICs, estos están diseñados exclusivamente para el proceso de minado, lo que los hace más eficientes, puesto que son capaces de generar un bloque mucho más rápido que los procesadores de CPU o los GPU (procesadores de tarjetas gráficas) que también se usaron para la minería (y que actualmente se siguen utilizando).

Consumo de electricidad

Uno de los motivos por el cual ciertos países se han vuelto populares para la minería de criptomonedas, es por el bajo costo de la electricidad, el cual es uno de los factores que más afecta la rentabilidad del minado. Otro factor que tiene mucho que ver, son las temperaturas, debido a que si se está en un país con una temperatura media superior a los 20 grados, se tendrá que instalar un sistema de refrigeración, para evitar altas temperaturas en la maquinaría utilizada para la minería.

Por lo tanto; si se está en un país caluroso, con un costo de energía alto, la rentabilidad de la minería, será prácticamente nula.

¿Cómo afectan esos factores a la rentabilidad?

Para empezar, depende de la criptomoneda; si existen muchos mineros en la misma plataforma, la dificultad de minado será mayor y por ende, las ganancias se verán disminuidas, sobre todo en aquellos mineros, que no posean un procesador especializado para dicha actividad, es decir; para mantener una buena rentabilidad en la minería, siempre se deben buscar criptomonedas que tengan pocos mineros en su plataforma y sobre todo; que la criptomoneda tenga una rentabilidad como tal.

Como se ha mencionado anteriormente, el consumo eléctrico es bastante grande en la minería, por lo tanto, se debe estar en una ubicación, donde la electricidad sea barata y de esta manera, disminuir los gastos. También se debe tener en cuenta el factor de la temperatura, ya que la refrigeración, también consume electricidad.

Minería de criptomonedas: ventajas y desventajas

La principal ventaja de minar criptomonedas, es la recompensa que se obtiene por el trabajo realizado, ya que se traduce en ganancias, sin embargo, se deben tener muchas cosas en cuenta, entre las cuales destacan:

- Invertir en equipos especializados.
- Conlleva grandes gastos de electricidad y mantenimiento de equipos.
- Los equipos causan mucho ruido.
- Es necesario tener conocimientos para manejar el software y los dispositivos.
- Se debe esperar por la recompensa para obtener la criptomoneda.

Dichos aspectos son considerados un tipo de desventaja, ya que son consideraciones que limitan al que quiere ser minero, sin embargo, si se tiene el dinero para invertir y la zona es favorable, los resultados pueden llegar a ser positivos para el inversor.

Otra forma de adquirir criptomonedas es mediante la compra

Ha sido impresionante ver el aumento del valor del Bitcoin en los últimos meses, esto ha provocado que muchas personas se vean interesados en adquirir criptomonedas que les resulten rentables, y uno de los métodos más sencillos es a través de la **compra.**

Para comprar criptomonedas, solo se debe ingresar en alguna de las plataformas web llamadas **Exchange**, es aquí donde se gestionan transacciones de compra / venta de criptomonedas, las cuales pueden ser adquiridas con dólares o euros, tomando en cuenta el valor del mercado y de la tasa que se cobra.

Comprar criptomonedas: ventajas y desventajas

La compra / venta de criptomonedas es actualmente una excelente forma de inversión para muchos y esto se debe a las siguientes ventajas:

- No requiere una inversión mínima.
- Cualquier persona lo puede hacer.
- Se pueden obtener ganancias rápidamente.

Sin embargo, también salen a flote algunas desventajas, entre las cuales destacan:

- Se puede llegar a perder mucho dinero, si no se tienen conocimientos sobre el mercado de criptomonedas.
- Existe la posibilidad de burbujas financieras en criptomonedas.
- Pueden ocurrir estafas al momento de comprar y vender criptomonedas.

En conclusión, cada persona elige que le es más rentable de las 2 opciones existentes: la minería o adquisición por compra.

Cada persona debe hacer su propio balance, puesto que la decisión la debe tomar considerando los aspectos que están a su alcance; en el caso de la minería:

- Acceso a la tecnología.
- Comparar los costos con el valor de la criptomoneda que se obtendrá.
- Espacio físico para los equipos de minería.
- Consumo eléctrico.
- Mantenimiento de equipos hardware y software.
- Reemplazar dispositivos en caso de daños.

Lo fundamental de todo, es tener un capital para invertir y estudiar bien el mercado antes de realizar cualquier transacción, puesto que una mala decisión, puede llevar a perder rentabilidad en el valor de la criptomoneda acumulada.

¿Sabes en qué consiste la minería de Bitcoin? ¡Aquí te lo explicamos!

Para obtener BTC hay que descifrar un grupo de algoritmos, a esto se le llama bloque de Bitcoin, pero lograr esto requiere de un proceso muy complejo que solo puede llevarse a cabo con una potente computadora. ¿De qué trata la minería de Bitcoin?

Contar con un equipo como ese, no es fácil por eso se han unido muchas personas para descifrar un bloque, es lo que se llama **Gremio de Mineros**. Las ganancias obtenidas se distribuyen equitativamente entre los miembros del grupo de acuerdo a los Shares o fracción del bloque que hayan encontrado.

El proceso de minería de Bitcoin es por el cual las transacciones realizadas con Bitcoin se añaden al libro de registro (a través de la Blockchain). Un método de interacción con la cadena de bloques sobre la que se construye Bitcoin y para aquellos que participan en la complicada actividad computacional, hay monedas de Bitcoin que se pueden ganar.

La minería de criptomonedas en general, y específicamente Bitcoin, puede ser un tema complicado. Pero puede reducirse a una simple premisa: los "mineros", como se les conoce, compran potentes chips de computación diseñados para el proceso y los usan para ejecutar software específicamente diseñado día y noche.

Minería Bitcoin

El sistema de confianza de Bitcoin se basa en la computación. Las transacciones son empaquetadas en *bloques*, que requieren una enorme capacidad de computación para ser válidos.

El proceso de minado sostiene los propósitos en Bitcoin:

- La minería crea nuevos Bitcoins en cada bloque, casi como un banco central imprimiendo nuevo dinero. La cantidad de Bitcoin creado por bloque es fijo y disminuye con el tiempo.

- La minería crea confianza asegurando que las transacciones solo se confirman si se ha dedicado suficiente poder computacional al bloque que lo contiene. Más bloques significan más computación, lo que significa más confianza.

- Una buena manera de describir la minería es como un juego competitivo de sudoku que se reinicia cada vez que alguien encuentra la solución y cuya dificultad automáticamente se ajusta para que lleve aproximadamente 10 minutos encontrar una solución.

- Imagina un sudoku gigante, de muchos miles de filas y columnas. Si te lo muestra completado puedes verificarlo rápidamente. Sin embargo, si el puzzle tiene unas pocas casillas completadas y el resto está vacío, ¡lleva mucho trabajo resolverlo!

- La dificultad del sudoku puede ajustarse cambiando su tamaño (más o menos filas y columnas), pero puede seguir siendo verificado fácilmente aunque sea enorme.

- El puzzle usado en Bitcoin está basado en hashes criptográficos y tienen similares características: es asimétricamente difícil de resolver pero fácil de verificar, y su dificultad se puede ajustar.

Te explicamos con un ejemplo:

Si un individuo participa en la red Bitcoin como minero, se encontrará con que cada cierto tiempo, se une a la red miles de otros mineros en una carrera global para encontrar la solución a un bloque de transacciones.

Encontrar esa solución, también llamada prueba de trabajo o PoW (Proof of Work en inglés) requiere cuatrillones de operaciones de hashes por segundo a través de toda la red Bitcoin. El algoritmo de la prueba de trabajo implica hacer hash repetidamente de las cabeceras del bloque y un número aleatorio con el algoritmo criptográfico SHA256 hasta que una solución encaje con un determinado patrón.

El primer minero que encuentra esa solución gana la ronda de competición y publica ese bloque en la cadena de bloques.

La minería y el Hardware

Parte del proceso es actualizar al hardware más específico, con unidades procesadoras de gráficos especializadas de alta gama (GPUs), tarjetas como las que se usan en ordenadores utilizados para videojuegos en ordenadores de escritorio o consolas.

En el momento en que esto se escribe, la dificultad es tan alta que es rentable solamente minar con circuitos integrados de aplicación específica (ASIC), esencialmente miles de algoritmos de minería impresos en hardware, funcionando en paralelo en un único chip de silicio.

El minero en cuestión también se puede unir a una agrupación de minería (pool en inglés), que como una asociación lotera permite a diversos participantes compartir sus esfuerzos y las recompensas.

Haciendo funcionar dos máquinas ASIC (un circuito integrado de aplicación específica) conectadas mediante USB podrás minar Bitcoin 24 horas del día. El minero podrá pagar sus costos de electricidad vendiendo los BTC que produce la minería, generando así, algunos ingresos extras.

¿Es fácil minar Bitcoins?

Al principio era muy fácil y cualquiera con un ordenador personal podía hacerlo. Pero actualmente la dificultad respecto a los cálculos matemáticos que se deben hacer ha aumentado, y ahora mismo se requiere de una mayor potencia de procesamiento.

Una de las prácticas más comunes entre mineros que no cuentan con grandes instalaciones de hardware, es la de unirse en "mining pools" o grupos de mineros, con la finalidad de sumar esfuerzos. Las ganancias generadas al descifrar los bloques, se reparten en función de la potencia (hashes y shares) que haya aportado cada uno (Como lo mencionamos anteriormente).

La minería Bitcoin se compara con la minería del oro. La idea es que cualquier minero por si solo puede ponerse a buscar oro, también invertir en una maquinaría más avanzada que le ayude a encontrar mayor cantidad, colaborar con otros mineros y repartir las ganancias.

La minería de Bitcoin sigue siendo rentable, pero implica una gran inversión inicial y ciertos riesgos que podrían provocar cambios en sus planes. Tome su decisión teniendo en cuenta todos los factores de riesgo y recuerde hacer una su investigación sobre el hardware que va a seleccionar.

Qué es y cómo funciona la minería de Bitcoin.

Todo sobre cómo minar bitcoins

Minar bitcoins no es una tarea sencilla, hay pocas personas que saben cómo minar bitcoins correctamente, por eso el universo de los mineros de Bitcoin es tan reducido. Te contaremos los secretos que muchos mineros no quieren contar. ¿Qué es y cómo funciona la minería de Bitcoin? Te contamos todo sobre cómo minar bitcoins.

¿Cómo convertirse en minero de Bitcoin?

Hay tres formas principales de obtener Bitcoin: comprándolos en un **intercambio**, aceptándolos a cambio de bienes y servicios o participando como minero en la red de la moneda. La minería es un proceso que se encarga de agregar los registros de transacciones al libro mayor público de Bitcoin llamado Blockchain. Esto existe para que cada transacción pueda ser confirmada, y cada usuario de la red pueda acceder a este registro. El proceso de minería también permite llevar un registro legítimo de las transacciones para así poder determinar cuáles son valederas y cuales están siendo realizadas sin contar verdaderamente con los fondos para ello.

Minería - *es un proceso de mantenimiento de registros, hecho a través del uso de la potencia de procesamiento de computación.*

Blockchain - *un libro de contabilidad público distribuido donde se guardan los registros de cada transacción de Bitcoin.*

La Blockchain es llamada así porque es literalmente una cadena de bloques, que contienen las listas de transacciones hechas durante un período de tiempo determinado. Cuando se genera un bloque de transacciones, los mineros lo someten a un proceso. Por medio de la aplicación de una compleja fórmula matemática a la información del bloque, recortan posteriormente la secuencia del bloque, convirtiéndola en una secuencia aleatoria de letras y números llamada "hash".

Hash – *una secuencia única de longitud fija de dígitos aleatorios, que se puede crear a partir de datos de cualquier tamaño.*

Un hash no sólo contiene información del bloque de transacciones, sino que también se almacena otros datos. Más importante aún, se incluye el hash del bloque anterior almacenado en la cadena de bloques.

Aunque es relativamente fácil producir un hash a partir de una colección de datos como un bloque de transacciones, es prácticamente imposible saber qué datos se utilizaron con sólo mirar la secuencia de hash. Además, todos y cada uno de los hashs dentro de la red son únicos, y cambiar un solo carácter en un bloque de Bitcoin cambia completamente la secuencia de hash.

Como se puede ver en el ejemplo anterior, independientemente de la cantidad de datos que se utilicen como entrada, el hash siempre tendrá la misma longitud.

Debido a estos atributos, el hash funciona como una especie de sello de cera digital. Si alguien manipula un solo bloque de transacciones su hash cambiará inmediatamente, y también lo harán todas las secuencias de hash siguientes en la cadena de bloques. Por lo tanto, cualquier intento de fraude dentro de la red Bitcoin será fácilmente detectado por todos los que la utilicen.

Recompensas

Esencialmente, los mineros están sirviendo a la comunidad de Bitcoin confirmando cada transacción y asegurándose de que cada una de ellas es legítima. Todos compiten entre sí, usando software escrito específicamente para minar bloques. Cada vez que un nuevo bloque es 'sellado', significa que un minero ha creado con éxito una secuencia de hash correcta, y por dicho trabajo, obtiene una recompensa.

A partir de octubre de 2017, la recompensa asciende a 12.5 Bitcoins por bloque, y este valor disminuirá a la mitad cada 210,000 bloques, disminución que se denomina "halving". Se espera que dicho proceso suceda el 24 de mayo del 2020.

La producción total de Bitcoins está limitada, lo que implica que cuantas más monedas se extraigan, mayor será el valor de cada una de ellas en el mundo de la minería. Por lo tanto, aunque la cantidad de Bitcoins por bloque disminuirá, lo más probable es que el valor de las recompensas en correlativo a moneda FIAT de los mineros se mantenga igual o incluso aumente.

Normalmente, sería extremadamente fácil producir un hash a partir de una colección de información, el poder de las computadoras puede hacer dicho trabajo muy rápidamente. Por lo tanto, para evitar que los usuarios saquen miles de bloques de transacciones cada segundo y extraigan todos los Bitcoins disponibles en cuestión de minutos, la red Bitcoin tiene que dificultar deliberadamente el proceso en la medida que el poder de cómputo aumenta dentro de la red.

Complicaciones

Esto se hace a través de una "Prueba de Trabajo" requerida. Es un sistema que requiere algo de trabajo del solicitante del servicio, lo que generalmente significa tiempo de procesamiento por un ordenador. Producir una prueba de trabajo es un proceso aleatorio con baja probabilidad, lo que implica que se requiere mucho ensayo y error para generar una prueba válida de trabajo. Cuando se trata de Bitcoin, el hash es lo que sirve como prueba de trabajo.

Proof of Work – una medida económica usada para asegurar contra activdades fraudulentas requiriendo algo de trabajo del solicitante del servicio, generalmente significando tiempo de procesamiento por una computadora.

Para complicar aún más la minería, algo llamado **Dificultad Bitcoin** es implementado en el proceso. Es una medida de lo difícil que es encontrar un nuevo bloque comparado con lo fácil que puede ser.

Dificultad del bitcoin – una medida de lo difícil que es generar un hash correcto.

Esta medida se recalcula cada 2016 bloques. Está diseñado para que la extracción de un bloque se mantenga en aproximadamente 10 minutos. A medida que más mineros se unen, la tasa de generación de bloques inevitablemente aumenta porque se va agregando poder de procesamiento a la red. Para controlar esto, el nivel de dificultad es recalculado y sube para compensar el ritmo de creación de bloques. Cualquier bloque liberado por mineros fraudulentos que no cumpla con el nivel de dificultad requerido será rechazado por todos en la red, quedando así sin valor.

Por lo tanto, este proceso requiere esfuerzo y a través de él la nueva moneda lentamente se vuelve disponible. La velocidad a la que aparecen las nuevas monedas se asemeja a la velocidad a la que las materias primas como el oro se extraen del suelo. De ahí que el proceso se llame "minería".

Cómo funciona el Blockchain

Blockchain: Qué es y cómo funciona. Guía para principiantes

Casi todos han oído hablar de Blockchain pero pocos se atreven a preguntar qué es blockchain y cómo funciona. Pero no te preocupes, estás en el lugar correcto, te aclararemos todas las dudas que puedas tener sobre la tecnología llamada "la nueva internet".

Blockchain es una tecnología, también conocida como **"cadena de bloques"** y que ahora está en boca de todos gracias a Bitcoin ya que Blockchain es la tecnología que está detrás de la criptomoneda. Pero, **¿quién inventó Blockchain?** Blockchain fue creada en 1991 por los científicos **Stuart Haber y W. Scott Stornetta** al introducir una solución computacionalmente práctica para los documentos digitales con sello de tiempo para que no pudieran ser modificados o manipulados. ¿No has entendido? No te preocupes, sigue leyendo.

La definición de blockchain más básica sería: un registro compartido y digitalizado que no puede modificarse una vez que una transacción ha sido registrada y verificada. Todas las partes de la transacción, así como un número significativo de terceros, mantienen una copia del registro (es decir, la cadena de bloques), lo que significa que sería prácticamente imposible modificar cada copia del registro globalmente para falsificar una transacción.

¿Qué es Blockchain?

Un Blockchain es un diario que es casi imposible de falsificar.

Función Hash

Imaginemos que 10 personas en una habitación decidieron hacer una moneda por separado. Deben seguir el flujo de fondos, y una persona —llamémoslo Bob— decidió mantener una lista de todas las acciones en un diario:

Encontró un programa llamado **función Hash** que convierte el texto en un conjunto de números y letras como en la tabla a continuación.

¿Es Bitcoin legal?

Esta es una de las primeras preguntas que se plantea una persona cuando conoce esta tecnología. Una pregunta de aparente sencillez; cualquiera esperaría solo dos posibles respuestas: sí o no. Pero quizás la pregunta se vuelve más compleja planteada en estos términos: ¿Es legal una moneda que no es emitida por ningún Estado ni banco central? En la mayoría de los países, ni sí, ni no. Por su novedad, globalidad y potencialidad, Bitcoin y el resto de las criptomonedas suelen caer en un área gris en cuanto a legalidad.

Para responder esta pregunta, es indispensable aclarar qué se entiende por Bitcoin:

Establecer conceptos

Bitcoin es la primera criptomoneda. Una criptomoneda es, en el sentido más amplio, un programa informático. Informático, al estar constituido por información que se comparte y se ejecuta. De ahí, precisamente, su cualidad de programa. En su etimología latina, pro-gramar podría entenderse como llevar adelante una letra, o, con más precisión, pre-escribir.

Mediante la utilización de un determinado lenguaje de programación se establecen reglas para el discurso interno del programa. Este discurso es la información transmitida acerca de las condiciones, procedimientos y respuestas a las acciones ejecutadas por los usuarios en su interacción con el software. Esta información ordenada y ejecutada mediante algoritmos termina por ser la constitución del programa, casi una Carta Magna que prescribe el universo de la aplicación. De ahí que entre desarrolladores e ingenieros de software se insista tanto en afirmar que "el código es ley".

En el caso de una criptomoneda, su constitución gramatical está programada de tal manera que asegure que la información transmitida sea validada y registrada de manera consensuada y distribuida en tantos nodos como sea posible. La seguridad provista por la validación consensuada y distribuida de esta información criptográfica es lo que le dio valor a Bitcoin en un primer momento y, por este valor, el nombre de criptomoneda: valor transmitido criptográficamente. Esta nueva capa de seguridad y validez que le otorga esta tecnología a la transmisión de valor por Internet es lo que ha motivado que nuevos programas, es decir, nuevas posibilidades de ejecución de acciones digitales a través del lenguaje informático, sean desarrollados, corran y se registren sobre esta tecnología de contabilidad distribuida. De ahí el nombre de «criptoactivo» que se le ha dado también: no solo se trata de un activo en el sentido de valor financiero como se entiende tradicionalmente; es un activo en tanto que se mantiene en actividad por las acciones que ejecuta, es un activo porque es valor en movimiento.

Es por estas características, tan difíciles de encasillar en los estándares conocidos, que es inevitable que esta tecnología caiga en zona gris cuando se pregunta por su legalidad. Que haya o no leyes positivas dictadas por gobiernos pasajeros sobre esta tecnología naciente que aún no entendemos a cabalidad, claro que importa en términos prácticos (no vas a usar una tecnología por la que te puedan arrestar). No obstante, es una interrogante de segundo orden en consideración a la profundidad del cambio que introduce Bitcoin y la tecnología de criptoactivos a la propia legalidad.

Que toda nuestra vida se está digitalizando no es un secreto para nadie. La legalidad también deviene digital. Y con la tecnología de criptoactivos, también deviene criptográfica, consensuada y distribuida. En un futuro, podríamos ver que órdenes judiciales sobre propiedades conectadas a Internet podrían ejecutarse de manera automática mediante el uso de contratos inteligentes. Así, por el cambio de paradigma que esta tecnología imprime en las relaciones entre los hombres, sería, por lo mínimo, impreciso, definirla según los criterios legales tradicionales vinculados a las finanzas. Por eso se ha insistido en la necesidad de crear nuevos moldes regulatorios donde esta tecnología encaje.

Para ello, es imprescindible atender a las propias cualidades y características de esta tecnología para poderla regular efectivamente. Sus cualidades y características son aquellas escritas en su código. En su mismo código está su ley. Siendo una tecnología de Internet y, en este sentido, global, las leyes locales suelen ser impotentes para regularla con completa efectividad. Se sancionan leyes y prohibiciones, sí, como en el caso de China. ¿Qué ha sucedido en tales casos? Han emergido mercados paralelos; los usuarios se han apoyado en herramientas provistas por Internet (servicios de VPN, mensajería encriptada, capas profundas de Interntet) para seguir comerciando criptomonedas. Sería necesaria una prohibición global o bloqueos desde los servicios que proveen Internet (ISP) a las direcciones web vinculadas a esta tecnología para restringir su uso por completo.

De momento, en la mayoría de los países, Bitcoin y los criptoactivos se mantienen en una laguna legal en cuanto a legislación positiva. Se podría argumentar que en las leyes de la mayoría de los Bancos Centrales del mundo se establece de manera expresa que estas instituciones ejercen, con exclusividad, la emisión de especies monetarias. Sin embargo, como se ha visto, Bitcoin y los criptoactivos no pertenecen con exclusividad al ámbito de las especies monetarias, habiendo sido clasificados por distintas instituciones como propiedades, mercancías, activos, valores, entre otros, además de monedas. Así, antes de que pudiera ser un delito emitir criptomonedas, las autoridades de cada país deberían hacer expreso qué entienden por Bitcoin y qué por criptoactivos y cuáles serían las consecuencias de su emisión. Mientras tanto, al no existir leyes vinculantes y vigentes que normen la materia, Bitcoin se ajusta a aquel principio del Derecho según el cual lo que no está expresamente prohibido, está permitido.

Legislar sobre criptomonedas

A fines de brindar confianza a los inversionistas y comerciantes en que podrán beneficiarse del uso de estas tecnologías sin el riesgo de contravenir ninguna legislación, se hace indispensable que las autoridades del mundo las reconozcan en aquellas leyes en que sean pertinentes. Darles cabida en normativas de transacciones electrónicas, recaudaciones de capitales y emisión de valores (para el caso de las ICO), pago de impuestos, leyes anti fraude y blanqueo de capitales, entre muchas otras áreas, se hace necesario para impulsar una adopción masiva.

Con todo, cabe preguntarse si resulta necesaria la redacción de una legislación específica para estas tecnologías aún nacientes, y de qué manera se legislaría para alcanzar la regulación más propicia.

Como se ha establecido, esta tecnología, en su multiplicidad de posibilidades, incide en una también multiplicidad de ámbitos de las relaciones humanas. Por ejemplo, aplicaciones como los contratos inteligentes, que funcionan como contratos condicionales y automatizan procesos comerciales ya cotidianos (el seguimiento de mercancías en cadenas de suministro, por mencionar alguno de los casos) han sido definidas y reconocidas como herramientas de comercio electrónico en actas legales de ciertos territorios, sin necesidad de crear legislaciones específicas. Lo mismo ha sucedido cuando se han definido ciertos tokens como activos financieros –basados en la prueba de Howey– y han tenido que ajustarse a los requerimientos de tales instrumentos tradicionales.

Si esta es o no la mejor manera de darle reconocimiento legal a la tecnología de criptoactivos, es difícil saberlo. Sin embargo, cuando se ha intentado redactar una legislación específica para esta tecnología, como en el caso de Brasil, los legisladores no han dejado de reconocer las dificultades.

Legislar sobre criptoactivos también pasa por establecer un entendimiento común sobre las definiciones de las distintas áreas de esta tecnología, las cuales aún se mantienen vagas y difusas en la mayoría de los casos. De ahí la necesidad de dialogar y establecer estándares y acuerdos sobre la materia, actividad que ha comenzado a surgir desde el seno de diversas empresas del ecosistema con iniciativas de autorregulación.

Parece ser que la autorregulación, no solo en términos humanos, sino en los mismos términos de código, fuera la forma más efectiva de regular esta tecnología.

En el caso específico de Bitcoin, si no se le considera una propiedad (tal como ha planteado en el pasado la Comisión de Comercio en Futuros sobre Mercancías de los Estados Unidos) sino como una moneda, ¿cuál sería la legislación pertinente para normarla? Por lo general, las monedas no suelen tener una ley propia. A las monedas de curso legal de distintos países, en caso de no existir un control cambiario que estipule ilícitos vinculados a divisas, se les suele regular en las leyes de bancos centrales. Estas leyes tienen como objetivo normar las competencias de los bancos centrales, organismo encargado de la política monetaria del país. Así, sus funciones más fundamentales son lograr la estabilidad de los precios y el mantenimiento del valor de la moneda nacional, generalmente valiéndose del manejo de tasas de interés. De igual manera, estipulan la moneda de curso legal y se encargan de su emisión y drenaje, según sea necesario para la salud y estabilidad económica del país. Es, en este sentido, la institución encargada de regular la inflación.

Como se vio anteriormente, esta gobernanza monetaria en las criptomonedas ya suele estar regulada en su propio código. En Bitcoin, por ejemplo, la emisión del circulante se encuentra preestablecida matemáticamente. Mediante el proceso de validación de transacciones conocido como minería, se recompensa a los mineros por el poder de procesamiento aportado a la seguridad de la red mediante el pago con nuevas monedas que nacen del mismo proceso de certificación. Sin embargo, esta emisión es controlada por dos procesos: el ajuste de dificultad y el halving. Para evitar que con el aumento de poder de procesamiento se creen monedas antes de tiempo, el código de Bitcoin establece que, a mayor poder de procesamiento, mayor será la dificultad de minado. De ahí la necesidad de utilizar equipos cada vez más potentes para poder seguir obteniendo réditos por la minería ante la creciente dificultad.

Por otro lado, también previendo el aumento del número de mineros en la red, cada 210.000 bloques añadidos a la cadena principal se da el fenómeno conocido como halving o reducción a la mitad de la recompensa por la minería. Así, en un principio, la recompensa por minar bitcoins era de 50 BTC; una vez minada esa cantidad de bloques, en el 2012, la recompensa se redujo a 25 BTC; y en el 2016, a 12,5 BTC. Mediante estos procesos establecidos en el protocolo de Bitcoin se sabe aproximadamente cuando se emitirá el último BTC de los 21 millones que se estableció como el total circulante.

Esta es una demostración de autoregulación dentro de los mismos límites preestablecidos en el código de una criptomoneda. Puede verse que, en lo concerniente a los aspectos necesarios para regular una moneda, el código es ley. Ahora, aquello que pueda o no hacerse con una criptomoneda, si se cometen crímenes utilizándolas como herramientas de pago en vez de cualquier otra moneda tradicional, la consecuencia deberá depender del ilícito realizado y no del medio utilizado para realizarlo. Porque, al igual que se lava dinero con dólares, el crimen es realizado por la persona y no por la moneda.

Legalidad en países hispanos

La legalidad de Bitcoin y las criptomonedas inevitablemente varía de país en país, oscilando entre lo permisivo, lo restrictivo y lo hostil. Esto no es distinto en los países hispanos. Veamos las distintas posturas de los países frente a estas tecnologías:

Argentina

La postura legal de Argentina frente a las criptomonedas ha sido permisiva y hasta favorable, con el Banco Central del país emprendiendo iniciativas para aprender más sobre el tema y distintos organismos gubernamentales investigando cómo aplicar estas tecnologías a sus procesos administrativos. Con todo, no existe una legislación que norme la materia, si bien en el pasado se intentó extender el cobro de impuestos a las criptomonedas, lo cual fue duramente rechazado.

De igual manera, la **Comisión Nacional de Valores de Argentina** ha expresado que ciertos tokens emitidos en ICO podrían considerarse valores y estar sujetos a responsabilidades penales y administrativas, aunque hasta los momentos no hay legislación específica.

Entre los movimientos regulatorios más recientes emprendidos desde Argentina destaca la discusión de un primer marco regulatorio, el cual ha sido catalogado como "inteligente" por buscar que sea conveniente para las criptoempresas y todo el ecosistema. Esta regulación es promovida por la Unidad de Información Financiera (UIF), el Banco Central de Argentina (BCRA), la Comisión Nacional de Valores y la Administración Federal de Ingresos Públicos (Afip).

Bolivia

El uso de criptomonedas en Bolivia está expresamente prohibido. Mediante la resolución titulada Gerencia de entidades financieras –prohibición del uso de monedas y denominaciones monetarias no reguladas en el ámbito del sistema de pagos nacional, se prohíbe taxativamente el uso de monedas no emitidas o reguladas por Estados, países o zonas económicas y de órdenes de pago electrónicas en monedas y denominaciones monetarias no autorizadas por el BCB en el ámbito del sistema de pagos nacional.

Chile

En Chile aún no existe una regulación expresa sobre las criptomonedas. Sin embargo, en mayo de 2018, las autoridades financieras chilenas anunciaron que trabajarán, coordinadas por el Ministerio de Hacienda, en el estudio de un marco regulatorio sobre el sector FinTech, lo que incluye las criptomonedas. Se espera que el primer borrador de esta regulación esté listo en el transcurso de 2019, momento en que será remitido al Congreso Nacional de Chile para su discusión en el Consejo de Estabilidad Financiera, bajo la coordinación del Ministerio de Hacienda, y con la participación de la Superintendencia de Valores y Seguros, la Superintendencia de Bancos e Instituciones Financieras, y Superintendencia de Pensiones.

También, el Ministerio de Hacienda ha expresado que las criptomonedas están exentas de cobro de IVA. Por otro lado, el gobierno del país ha demostrado su apoyo a los negocios basados en este naciente sector de la economía obligando a los bancos del país a trabajar y mantener abiertas las cuentas bancarias de las casas de cambio de criptomonedas de Chile.

Colombia

En Colombia tampoco existe una legislación vigente para criptomonedas. No obstante, las autoridades financieras del país han demostrado su reticencia a las criptomonedas en más de una oportunidad, resaltando su carácter alegal, por lo que las autoridades no pueden hacerse responsables por los riesgos asumidos por los usuarios al momento de utilizar criptomonedas. Desde el Banco Central del país también han afirmado que los bitcoins no son legales en el mercado financiero colombiano, pero que aún así sus propietarios deben pagar impuestos.

Sin embargo, su posición frente a blockchain es sumamente favorable. El presidente recientemente electo, Iván Duque, ha expresado su interés en utilizar blockchain para elevar los niveles de transparencia de su gobierno, mientras que desde el Senado han discutido la posibilidad de implementar esta tecnología con miras a una modernización administrativa.

En abril de 2019, el diputado Mauricio Toro presentó ante el Congreso un proyecto de ley que busca regular los servicios de intercambio de criptoactivos ofrecidos por casas de cambio, el cual incluye la creación de un Registro Único para que estas plataformas demuestren su cumplimiento en procedimientos de Conoce a tu Cliente (KYC) y contra el lavado de dinero (AML).

Costa Rica

El Banco Central de Costa Rica, como principal autoridad monetaria del país, ha fijado posición frente a las criptomonedas, afirmando que el colón es la única moneda de curso legal en Costa Rica. Con todo, dejan la vía libre para el comercio con criptoactivos bajo el riesgo de cada usuario, siempre y cuando se ciñan a las leyes contra lavado de dinero y financiamiento terrorista.

Cuba

Desde el gobierno cubano no ha habido declaraciones oficiales ni posicionamientos frente a las criptomonedas, por lo que se mantiene también en zona gris en materia legislativa.

República Dominicana

El Banco Central de República Dominicana, en su calidad de único emisor de billetes y monedas en circulación, ha advertido a sus ciudadanos sobre los riesgos de utilizar criptomonedas, pues no cuentan con respaldo del Banco y, por tanto, no gozan de la protección legal del marco jurídico dominicano. En este sentido, las personas pueden utilizar criptomonedas bajo su propio riesgo.

Ecuador

El Banco Central de Ecuador ha establecido que "no está prohibida la compra y venta de criptomonedas -como el bitcoin- a través de Internet; sin embargo, se recalca que bitcoin no es una moneda de curso legal y no está autorizada como un medio de pago de bienes y servicios en el Ecuador, conforme lo establece el artículo 94 del Código Orgánico Monetario y Financiero". En dicho Código se han estipulado sanciones, incluso de tipo penal, a quienes traten de ejercer algún tipo de negocio relacionado. El Art. 94 también implica restricciones al mercado nacional de criptomonedas, disminuyendo por tanto la capacidad de los usuarios y sus derechos, sobre todo para intercambiar criptomonedas por dinero fiduciario en instituciones que se encuentren legalmente establecidas en Ecuador.

Desde Ecuador se intentó implementar una moneda digital nacional. Sin embargo, a pesar de los esfuerzos por promover su adopción, el proyecto no ha sido del todo exitoso.

El Salvador

La autoridad monetaria de El Salvador también ha fijado posición frente a las criptomonedas, estableciendo que las únicas monedas de curso legal en país son el colón y el dólar estadounidense, por lo que el uso de criptoactivos queda a riesgo de sus inversionistas, al no contar con un marco jurídico que respalde la tecnología en el país. En cuanto a las Ofertas Iniciales de Moneda (ICO), el país centroamericano prohibió su realización en un comunicado del Banco Central emitido en noviembre de 2017.

España

Desde febrero de 2018 que los parlamentarios españoles han insistido en la necesidad de preparar un marco regulatorio para las criptomonedas y se han debatido resoluciones sobre la materia. Con todo, aún no existe ninguna legislación oficial y omnicomprensiva a este respecto que atienda el nivel de detalle y especificidad que la Autoridad de Valores del país esperaría.

No obstante, sí hay regulaciones parciales, especialmente aquellas vinculadas a impuestos, dado que los ciudadanos deben declarar todas las ganancias que hayan obtenido en intercambios de criptomonedas en su Impuesto Sobre la Renta. De igual manera, la Comisión Nacional de Mercado de Valores ha hecho públicas sus normativas en materia de Ofertas Iniciales de Monedas y sus criterios para crear fondos de inversión en criptomonedas en España.

Guatemala

El presidente del Banco Central de Guatemala ha indicado que la única moneda de curso legal en Guatemala es el quetzal, y que quienes utilicen bitcoin u otros criptoactivos en el país lo harán bajo su propio riesgo.

Honduras

En el país centroamericano no existen regulaciones expresas para las criptomonedas. Hasta el momento, solo el Banco Cental del país se ha pronunciado sobre el estatus legal de la tecnología. Mediante un comunicado emitido en enero de 2018, aclaran que "las criptomonedas como el Bitcoin, Ethereum, Litecoin y otras similares no cuentan con el respaldo del Banco Central de Honduras, por lo que esta institución no regula ni garantiza su uso". El banco asegura que no ofrecen protección legal a los usuarios de esta monedas, por lo que quienes comercien con criptoactivos lo hacen bajo su propio riesgo.

México

Posicionándose a la vanguardia en materia de regulación en Hispanoamérica, México promulgó la Ley para Regular las Instituciones de Tecnología Financiera (ITF), popularmente conocida como Ley FinTech, en marzo de 2018. Como tecnología financiera, las criptomonedas entran dentro del ámbito de regulación de esta ley bajo el nombre de "activos virtuales". En esta ley, se entiende por activo virtual "...la representación de valor registrada electrónicamente y utilizada entre el público como medio de pago para todo tipo de actos jurídicos y cuya transferencia únicamente puede llevarse a cabo a través de medios electrónicos." Bajo esta normativa, el Banco de México (Banxico) aparece como el organismo tutelar de las casas de cambio de criptoactivos y demás oferentes de servicios con activos virtuales. Así, es Banxico quien autoriza la operación de las bolsas de criptomonedas y cuáles de estas serán comercializables de manera legal. Entre los requisitos establecidos para autorizar su operación se encuentra el cumplimiento con los estándares de Conoce a tu Cliente (KYC), que exige una apertura de cuentas presencial para cada usuario, necesitando realizar una entrevista o llenar un formulario. En caso de que la suscripción sea vía dispositivo, es decir, no presencial, se requiere que el suscriptor ofrezca la geolocalización de su dispositivo al momento de registrarse y efectuar cada operación.

Por otra parte, en el Artículo 34ª del Capítulo IV sobre Reporte de Operaciones con Activos Virtuales se establece la obligatoriedad de remitir al ente regulador "… un reporte por cada operación de compra de un Activo Virtual con moneda nacional o cualquier divisa sin importar el monto de dicha Operación, y un reporte por cada operación de venta de Activos Virtuales en la cual reciba a cambio monedas de curso legal en territorio nacional por un monto igual o superior al equivalente a dos mil doscientos cincuenta dólares de los Estados Unidos de América."

La necesidad de licencia para operar como criptobolsa en México se limita a aquellas instituciones que ofrezcan compraventa de moneda fiduciaria a consumidores. En este sentido, las plataformas de intercambio exclusivo de criptoactivos pueden mantenerse operando sin licencia fuera del marco legal.

En cuanto a las disposiciones que regulan el financiamiento colectivo, reglón donde recaerían las Ofertas Iniciales de Monedas, la ley se propone "la plena identificación de los inversionistas y solicitantes". Además, dicha ley estipula que las ITF únicamente reciban y entreguen dinero a través de cuentas del sistema financiero. Prohíbe a los oferentes de tokens asegurar rendimiento o retornos de inversión a los clientes por las inversiones realizadas, así como también niega a los miembros de la empresa oferente la posibilidad de invertir en su propia oferta.

Se espera que las disposiciones secundarias en materia específica de activos virtuales sean promulgadas durante 2019.

Nicaragua

Hasta el momento, las autoridades financieras de Nicaragua no se han pronunciado de ninguna manera en materia de criptomonedas, por lo que el área mantiene un vacío normativo que facilita el intercambio extralegal de esta tecnología financiera.

Panamá

En el país centroamericano aún no hay una regulación vigente en materia de criptomonedas. Según han declarado representantes de la Superintendencia del Mercado de Valores de Panamá, las autoridades financieras todavía se encuentran estudiando el tema para poder presentar un proyecto de ley en la Asamblea Nacional que ofrezca un marco regulatorio que determine su estatus legal. Con todo, aun no se tiene fecha probable de entrada en vigencia de esta regulación.

En el pasado, la Superintendencia de Bancos ha publicado alertas respecto a la inversión en criptomonedas, invitando al público a asesorarse, conocer los riesgos y tener precaución al comerciar con estos activos. De igual manera, exhortó a los organismos regulados por la Superintendencia que, puesto que no existe una regulación específica para la materia en Panamá y estas actividades no entrarían dentro de su competencia, tomen las medidas necesarias para evitar que sus servicios y plataformas sean indebidamente utilizados para estos fines. Esto contrasta con la iniciativa de crear una incubadora de emprendimientos enfocados en FinTech, promovida desde la Superintendencia y respaldado por otras autoridades del Estado panameño, la cual tiene entre sus principales focos la tecnología de contabilidad distribuida.

Paraguay

En Paraguay no existe una regulación específica para las criptomonedas y pocas han sido las veces que las autoridades del país se han pronunciado sobre la materia. En ciertas oportunidades, el gobierno ha dado su apoyo y visto bueno para la realización de negocios vinculados al ecosistema, asociándose en iniciativas de minería que aprovechan el excedente eléctrico que generan las represas del país, de las más grandes del mundo, y garantizan un precio estable de electricidad por 15 años.

De igual manera, desde el Ministerio de Agricultura y Ganadería y el Ministerio de Ambiente y Desarrollo Sostenible, han aprobado convenios de cooperación interinstitucional para promover la trazabilidad de productos cárnicos usando blockchain. De esta manera, si bien no existe una normativa específica, se observa una posición de apertura desde el gobierno paraguayo respecto a las criptotecnologías.

Perú

Perú cuenta con diferentes dispositivos regulatorios que permiten el uso del dinero electrónico, por ejemplo, la Ley N° 29985 Ley Del Dinero Electrónico y su Reglamento. Sin embargo, las criptomonedas no han sido reconocidas como divisas válidas, por lo que las normas relativas al dinero no le son aplicables, sin significar esto que estén prohibidas. Con todo, no está permitido que una empresa peruana capte o realice inversiones en bitcoins. Tampoco que un banco acepte abrir una cuenta de ahorros o pague intereses en bitcoins.

El Banco Central de Reserva de Perú, principal autoridad financiera del país, se ha pronunciado sobre los posibles riesgos de invertir en criptoactivos, tal como la volatilidad de preso, posibles fraudes y uso para actividades delictivas.

Una advertencia similar realizó la Superintendencia del Mercado de Valores de Perú (SMV), alertando a los potenciales inversionistas sobre los riesgos de las ICO por la falta de respaldo regulatorio. De igual manera, informó que cualquier publicidad sobre la compra, venta o suscripción de activos financieros solo puede ser realizada por "empresas autorizadas o supervisadas por la SMV o la Superintendencia de Banca y Seguros".

Precisamente esta Superintendencia forma parte desde el año 2017 del consorcio de blockchains permisionadas, R3CEV, con miras a explorar sus soluciones de contabilidad distribuida. Hasta el momento, no han desarrollado ninguna aplicación propia de la tecnología, pero esto denota el interés de la institución por conocer sobre este adelanto financiero.

Una institución peruana que sí ha avanzado en el uso de la contabilidad distribuida ha sido Perú Compras, organismo adscrito al Ministerio de Economía y Finanzas de Perú que funge como intermediario entre distintas entidades del Estado y los catálogos de compras electrónicas. Este organismo se encuentra utilizando la blockchain del Banco Interamericano de Desarrollo, LAC-Chain, para registrar y automatizar las órdenes de compra en el país.

Uruguay

Uruguay ha mostrado una actitud aparentemente receptiva para con el uso de las criptomonedas. A pesar de que el establecimiento de un marco regulatorio no está en los planes gubernamentales, la iniciativa privada conocida como Cámara Uruguaya de Fintech, anunció la creación de la Comisión de Criptomonedas que se encargará de redactar un marco legal.

En contraste, el presidente del Banco Central de Uruguay hace dudar sobre la aparente afinidad del Gobierno con los criptoactivos, tras afirmar, en abril de 2018, que bitcoin no es competencia para las monedas nacionales.

Con todo, la Agencia Nacional de Innovación e Investigación de Uruguay, organismo público de financiamiento y promoción de las nuevas tecnologías, ha unido esfuerzos con el sector privado para impulsar proyectos que incluyan a la tecnología blockchain, otorgándoles presupuesto para que puedan llevar adelante sus desarrollos.

Venezuela

Las regulaciones relacionadas con las criptomonedas en Venezuela iniciaron en diciembre de 2017 con el anuncio del registro y certificación de las personas dedicadas a la criptominería en ese país. En el mes de febrero de 2018, se abrió el registro en línea de los mineros y el otorgamiento de certificados, como paso previo a obtener una licencia como «minero digital».

El sistema de registro fue la antesala a la preventa del Petro, el criptoactivo respaldado por petróleo y otros commodities, creado en 2018 por el ejecutivo nacional. Más adelante, en el mes de abril, se oficializó la creación de un ente regulador para el sector de las criptomonedas, así como una tesorería encargada de la emisión, custodia, recaudación, distribución de criptoactivos. Dichas instituciones se inauguraron, finalmente, en octubre, bajo los nombres de Superintendencia Nacional de Criptoactivos y Actividades Conexas (Sunacrip) y Tesorería de Criptoactivos de Venezuela, respectivamente.

En enero de 2019 se decretó que las personas o empresas que realicen operaciones con criptomonedas deberán calcular y declarar impuestos en criptoactivos, si bien aún se espera que la autoridad bancaria del país dictamine el procedimiento para la declaración.

A finales de enero entró en vigencia el decreto constituyente sobre el Sistema Integral de Criptoactivos, una serie de medidas regulatorias gubernamentales que serán utilizadas para fiscalizar toda la industria de criptoactivos en el país. Las medidas involucran la minería, la conformación de casas de cambio de criptomonedas y el intercambio.

En dicha ley se establecen multas de hasta 18.000 dólares por realizar cualquier actividad relacionada con criptoactivos, incluyendo la minería, sin licencia. Bajo esta normativa, la Sunacrip es la institución encargada de la fiscalización de las plataformas de comercio de criptomonedas en Venezuela, así como de otorgar las licencias correspondientes a cada oferente de servicio según actividad económica, establecer los precios de los intercambios y las criptomonedas que podrán comerciarse.

La última disposición normativa emanada desde el Estado venezolano ha sido una providencia sobre el envío y recepción de remesas en el país. Según el texto de la normativa, la Sunacrip tendrá la potestad de establecer límites a los montos a enviar, fijar el valor de los criptoactivos en bolívares soberanos (la moneda local), precisar tarifas, así como solicitar datos de los emisores y receptores involucrados en las transacciones de remesas. De igual forma, el documento indica que el regulador se apoyará en una plataforma tecnológica, que determinará para el trámite de dichas operaciones.

Los hechos que impactaron el ecosistema de criptomonedas en 2019

Hechos clave:

- Bitcoin se destacó este año con el auge de Lightning Network, y en los mercados institucionales.
- Las altcoins más populares llevaron a cabo actualizaciones en sus redes.

La industria de criptomonedas cerró el 2019 con un mercado más maduro y reconocido. Las palabras «bitcoin» y «blockchain» ganaron importancia a nivel internacional, sobre todo para el sector financiero y político. El ecosistema gozó de una mayor cobertura mediática en 2019, luego de que actores financieros, reguladores y hasta presidentes discutieran sobre estas nuevas tecnologías.

La adopción fue uno de los temas más debatidos el año pasado, siendo incluso el foco de varias startups y proyectos. **Las casas de cambio, monederos y servicios de pago de la industria se abocaron en desarrollar plataformas más sencillas, intuitivas y seguras.** John Newberry, desarrollador de Bitcoin Core, apuntó que las últimas mejoras de Bitcoin están dirigidas a facilitar su uso y adopción. Debido a ello, parece constatarse una tendencia dentro y fuera de Bitcoin para hacer más accesible a las tecnologías blockchain; las cuales han sido percibidas como «difíciles» o «complicadas» de entender por el usuario común.

El 2019 también se caracterizó por su enfoque financiero y la irrupción de nuevas formas de administrar el dinero. No sólo se abrieron más discusiones sobre el poder de bitcoin como moneda, sino que también irrumpieron nuevas formas de prestar servicios financieros. Las aplicaciones en Lightning Network, las ofertas a inversionistas institucionales centradas en bitcoin, las stablecoins y las plataformas de finanzas descentralizadas (DeFi) fueron algunas de las incidencias más sonadas del año. Especialmente las DeFi, que hoy en día representan más del 50% del volumen de las Dapps de Ethereum.

A continuación, haremos un recuento de lo más impactante que sucedió en las redes y comunidades de Bitcoin, Ethereum y de otras criptomonedas del mercado.

Bitcoin, un activo cada vez más maduro

Bitcoin logró alcanzar una mayor madurez como activo en 2019, perfilaron analistas de Bloomberg. La criptomoneda presentó la mayor parte del año un valor relativamente estable, el cual sugirió que Bitcoin podría haber conformado un precio piso. Asimismo, a mediados del 2019 BTC disminuyó su correlación con otras criptomonedas del mercado, mientras que la aumentó con activos como el oro.

La popularidad de Bitcoin, junto a esta reciente percepción de mayor madurez, ha mantenido a la criptomoneda en el foco de los inversionistas institucionales.

El 2019 fue un año que se caracterizó por el lanzamiento de nuevos mercados de contratos futuros de Bitcoin, los cuales se unieron a los ya conocidos CBOE y CME. En el mes de septiembre se empezaron a comercializar los primeros futuros de Bitcoin en Bakkt, una de las plataformas más esperadas por inversionistas institucionales. Para el mes de noviembre esta plataforma ya alcanzaba su máximo histórico de negociación diaria, con un volumen que superaba los 15 millones de dólares.

BitMEX también dio mucho de qué hablar en el año 2019, llegando a movilizar el 0,15% de la totalidad de bitcoins en el mercado. El año también cerró con la promesa de que las empresas SolidX y VanEck lanzarán sus fondos de inversión cotizada (ETF) de Bitcoin, incluso cuando la Comisión de Bolsa y Valores de los Estados Unidos (SEC) ha retrasado en varias oportunidades su aprobación.

El precio de bitcoin fue uno de los temas que generó más expectativas en el 2019, siendo también una de las noticias más consultadas en CriptoNoticias. **La criptomoneda aumentó un 89% su precio en lo que fue el año 2019**, pasando de cotizarse en USD 3.800 dólares por unidad a más de USD 7.000 dólares. El mercado alcista de bitcoin generó muchas expectativas en el ecosistema a mediados del 2019, proliferando las predicciones de lo que será el precio de Bitcoin para este 2020.

En cuanto a aspectos técnicos, a finales del año pasado se realizó el lanzamiento de la nueva versión Bitcoin Core 0.19.1, la cual incorporó más de cuatro actualizaciones a la red. **Lightning Network** también tuvo un papel importante, protagónico en 2019, ya que la comunidad de desarrolladores y startups de esta red se enfocaron en ofrecer servicios para potenciar la adopción de Bitcoin. Asimismo, a nombre de LN se llevó a cabo una de las campañas de adopción más emblemáticas del año, la antorcha de Lightning Network.

Por último pero no menos importante, la industria de minería de Bitcoin estuvo muy movida el año pasado. El pool BTC perdió su liderazgo de años en el mes de septiembre, con la irrupción del pool chino Poolin. Asimismo, se empezó a implementar la nueva propuesta de minado de Matt Corallo, BetterHash. El primero en utilizarla ha sido el pool Blockstream, aunque pocos meses después también se convirtió en una de las actualizaciones del popular código de minado grupal, Stratum V2.

Las bifurcaciones de Ethereum coparon la escena

2019 no fue el mejor año para la red de Ethereum, ya que atravesó un período de mudanzas y actualizaciones. La blockchain registró dos bifurcaciones distintas este año, una bajo el nombre de Constantinople llevada a cabo en el mes de febrero e Istambul que se produjo en el mes de diciembre.

La particularidad de estas bifurcaciones radicó en que tuvieron que ser retrasadas en varias oportunidades por sus desarrolladores. Por ejemplo, Constantinopla tuvo tres intentos de activación, siendo el último el único llevado a cabo de forma exitosa. En una de estas ocasiones fue retrasada por una vulnerabilidad que exponía a los usuarios de la blockchain, la cual pudo ser detectada antes de su lanzamiento.

La comunidad de Ethereum estaría llevando a cabo estas actualizaciones con el objetivo de migrar a una nueva versión de la blockchain, conocida como Ethereum 2.0. Joséph Lubin, co-fundador de la red, señaló que la fase cero de la nueva versión podría estar lista para el primer trimestre de este año, mientras que las fases 1 y 2 podrían darse para fines de este mismo año. Ethereum 2.0 trabajará con el algoritmo de Prueba de Participación (PoS) — uno de los grandes cambios introducidos por el nuevo protocolo —, conviviendo con la actual red de Ethereum y su Prueba de Trabajo (PoW) hasta nuevo aviso.

Sin embargo, aunque la red no brilló como otros años por su desarrollo tecnológico, si lo hicieron las startups que trabajan con esta blockchain. **Las aplicaciones financieras fueron una de las grandes protagonistas de 2019**. Las criptomonedas estables, también conocidas como stablecoins, cerraron el año con nuevos niveles de adopción. Tether registró a finales de agosto su mayor volumen de comercio en toda su historia, así como Dai registró un aumento en su actividad a finales del año.

En consonancia con las stablecoins, las plataformas de préstamos y créditos descentralizados destronaron a las aplicaciones de juego y los criptocoleccionables como las favoritas de la red. El investigador de Blockmatics, Solomon Lederer, propuso que las plataformas enfocadas en las finanzas descentralizadas dominarían el ecosistema este 2019. Una predicción que se cumplió, puesto que hoy en día más del 50% del volumen de las aplicaciones descentralizadas (Dapps) de Ethereum provienen de este tipo de servicios; donde se suele comercializar, prestar o invertir con criptomonedas.

Campañas de Anti-ASIC, bifurcaciones y halving

La comunidad de Ethereum no fue la única que tuvo que prepararse para bifurcar su red, puesto que la mayoría de las altcoins presentaron al menos una actualización en este período. En dicha lista destacan las blockchain de Monero, Zcash, Bitcoin Cash, Ethereum Classic y Bitcoin SV, por mencionar las más conocidas.

Qué es Monero? (XMR)
Monero es la criptomoneda líder con enfoque en transacciones privadas y resistentes a la censura.
La mayoría de las criptomonedas existentes, incuidad Bitcoin y Ethereum, tienen una blockchain transparente, lo que significa que las transacciones son abiertamente verificables y rastreables por cualquier persona en el mundo. Además, las direcciones emisoras y receptoras de estas transacciones pueden ser potencialmente enlazadas a la identidad de una persona en el mundo real.

Monero utiliza criptografía para resguardar cualquier dirección emisora o receptora, al igual que las cantidades enviadas.

Las transacciones de Monero son confidenciales y no rastreables. Cada transacción en Monero, por defecto, oculta las direcciones de quien envía y quien recibe así como las cantidades enviadas. Esta tecnología de privacidad siempre activa significa que toda actividad de todo usuario en la red de Moreno mejora la privacidad de todos los demás usuarios, a diferencia de criptomonedas de transparencia selectiva (por ejemplo, Zcash).

¿En qué se diferencia Monero de Bitcoin?

Bitcoin, la criptomoneda más popular, funciona en un protocolo que intenta proteger la identidad del participante usando direcciones de pseudo nombre. Estos pseudo nombres son combinaciones generadas aleatoriamente de alfabetos y números.

Sin embargo, ese enfoque ofrece privacidad limitada ya que tanto las direcciones de bitcoin como las transacciones están registradas en la cadena de bloques, lo que las abre al acceso público. Incluso las direcciones seudónimas no son completamente privadas. Algunas transacciones llevadas a cabo por un participante durante un período de tiempo pueden vincularse a la misma dirección, lo que permite la posibilidad de que el público, el gobierno, la familia y los amigos tomen conciencia de las tendencias del propietario de una dirección y, por lo tanto, su identidad.

Otra ventaja de monero sobre bitcoin es la fungibilidad, lo que significa que dos unidades de una moneda pueden sustituirse mutuamente y no hay diferencia entre las dos. Si bien dos billetes de $ 1 tienen el mismo valor, no son fungibles, ya que cada uno lleva un número de serie único. Por el contrario, dos piezas de 1 onza de oro del mismo grado son fungibles, ya que ambos tienen el mismo valor y no tienen ninguna característica distintiva. Usando esta analogía, un bitcoin es el billete de $ 1, mientras que un monero es la pieza de oro.

El historial de transacciones de cada bitcoin se registra en la cadena de bloques. Permite identificar unidades de bitcoin que pueden haber estado vinculadas a ciertos eventos, como fraude, juegos de azar o robo, lo que allana el camino para bloquear, suspender o cerrar cuentas que albergan dichas unidades. Imagine recibir algunas bitcoins hoy que se utilizaron anteriormente para apostar, y están prohibidas en el futuro, lo que lleva a una pérdida.

Monero, con su historial de transacciones no rastreable, ofrece a los participantes una red mucho más segura donde no corren el riesgo de que sus unidades retenidas sean rechazadas o puestas en la lista negra por otros.

Desafíos

Si bien estas ventajas de privacidad han impulsado la rápida adopción de Monero, también han traído desafíos. Las características de privacidad y no rastreabilidad de monero permiten que se utilicen con fines de mala reputación y en mercados cuestionables, incluidos aquellos como las drogas y los juegos de azar. Los mercados en la web oscura, como AlphaBay y Oasis, han visto un mayor uso de monero.

Informes recientes de CNBC mencionan el caso de los piratas informáticos que crean software malicioso que infectaba computadoras para extraer el monero y enviarlo a Corea del Norte. Esencialmente, monero está abierto a ser utilizado para actividades ilícitas y para evadir la aplicación de la ley, ya que permanece fuera de los controles de capital sin trazabilidad.

La comunidad de Monero inició el año 2019 una campaña contra el uso de equipos especializados para la minería de criptomonedas (ASIC), puesto que estas máquinas concentraban cada vez más hashrate de la blockchain. Debido a ello, a la criptomoneda privada se le realizó dos actualizaciones en su algoritmo con el objetivo de contrarrestar la minería ASIC en la red.

Zcash también se bifurcó en dos ocasiones el año pasado, llegando a generar incluso una nueva criptomoneda. Desde finales de julio existe una nueva red llamada Ycash, la cual nació por las diferencias de un grupo de la comunidad con la Fundación Zcash y Electric Coin Company (ECC). Asimismo, la blockchain principal siguió operando y activó su nueva versión Blossom, la cual permite tanto la minería de ASIC como de GPU porque posee dos algoritmos distintos para cada modalidad.

Ethereum Classic fue otra de las redes que se bifurcó en dos oportunidades el año pasado. La primera actualización, Atlantis, se llevó a cabo en el mes de septiembre; causándole un abrupto descenso en su hashrate luego de esperar varios meses para su aplicación. Sin embargo, en diciembre la comunidad llevó a cabo otra bifurcación, llamada Agharta, la cual hace posible la compatibilidad entre esta red y Ethereum.

2019 no fue, sin lugar a dudas, el mejor año para Bitcoin Cash y sus bifurcaciones. En el mes de mayo se programó la primera actualización anual de la plataforma, misma que incorporaría las firmas Schnorr. Sin embargo, **cuando se actualizó el cliente la red dejó de agregar transacciones al *mempool*, procesándose más de 10 bloques sin ninguna transacción.** Meses después, luego de recuperarse de este contratiempo, en noviembre se volvió a realizar otra bifurcación programada que generó dos cadenas distintas. Un grupo importante de mineros, desconocidos todos, había seguido minando en la anterior red contra todo pronóstico.

Bitcoin SV realizó una bifurcación dura a mediados del mes de julio para ampliar el tamaño de sus bloques, la cual se llevó a cabo sin mayores contratiempos. No obstante, esta comunidad dio de que hablar este 2019 debido a las polémicas legales. Craig Wrigth, uno de los promotores del proyecto, inició una cruzada de demandas contra bitcoiners y miembros de Bitcoin Cash para reconocerse como Satoshi Nakamoto. La situación generó una enorme tensión en el ecosistema para el mes de abril, siendo categorizada por algunos como «persecución» luego de que incluso se ofrecieran recompensas por la identificación de bitcoiners.

Litecoin fue una de las pocas altcoins que no se bifurcó en el año 2019, en cambio registró en el mes de agosto el segundo halving en toda su historia. La criptomoneda redujo su recompensa de 25 LTC a 12,5 LTC, impulsando su precio un 11% en cuestión de horas. No obstante, con el pasar de los meses y el impacto del halving en la rentabilidad de la minería, el hashrate de la red descendió un 60%.

Bonus: Libra

Aunque muchos consideran que Libra no es propiamente una criptomoneda, sin lugar a dudas ha sido uno de los proyectos relacionado al ecosistema que más impacto mediático generó en el 2019. Facebook publicó a mediados de junio el libro blanco de su criptomoneda estable, para luego pocos meses después revelar que la misma estaría respaldada un 50% por el dolar estadounidense.

Libra es promocionada como una criptomoneda que permitirá a los usuarios de Facebook, y otras plataformas como Whatsapp e Instagram, acceder a un sistema financiero directamente desde Internet. De esta manera, los desarrolladores del criptoactivo aseguraron que se podrían hacer comprar en el mercado de Facebook con Libra o incluso en tiendas afiliadas a la red. La idea de **Libra parece no haber calado ni en el entusiasta de criptomoneda ni en el usuario común.** El criptoactivo recibió duras críticas no solo de la comunidad de criptomonedas, sino también entre reguladores, políticos y bancos mundiales.

No obstante, el CEO de Facebook, Mark Zuckerberg, abrió un nuevo debate respecto a la importancia del desarrollo y adopción de criptomonedas a nivel mundial. El directivo considera que Libra es una innovación necesaria para mantener el liderazgo económico y político de Estados Unidos, ya que dicho país no tiene planes para generar su propia criptomoneda. El argumento de Zuckerberg ganó mayor peso luego de que Xi Jinpin, presidente de China, señalara estar interesado en asumir el liderazgo en el sector blockchain. Asimismo, Libra también aceleró el proyecto de criptomoneda de la Unión Europea y puso nuevamente a las criptomonedas sobre el tapete. De esta manera, Facebook deja una conversación pendiente para este 2020 que podría definir el futuro de las criptomonedas estatales y los proyectos como Bitcoin.

Usando Bitcoin

Para poder utilizar bitcoins lo primero que debe poseerse es el equipo requerido: un dispositivo móvil o una PC donde poder instalar un monedero electrónico. De seguida, la opción más evidente es comprar esos bitcoins a cambio de dinero fíat. Y, por último, sólo quedará enviarlos e incluso recibirlos.

Conseguir un monedero

Existen varias opciones en cuanto a monederos se refiere, y las características más importantes en la que se diferencian radican en su seguridad y funcionalidad. La opción más adecuada para cada usuario es la que le pueda ofrecer el nivel de protección necesario, pero, al mismo tiempo, ocupe sólo los recursos que tiene disponibles. Sin embargo, es importante resaltar que los bitcoins, realmente, no están almacenados en sus monederos, sino en la blockchain que está respaldada por miles de nodos. El monedero es tan sólo un programa que le permite al dueño de los fondos manejarlos con mucha más facilidad.

Podemos decir que una cartera es 'caliente' (hot) o 'fría' (cold), según esté o no conectada a Internet. Por supuesto, las carteras frías (de hardware) son las más seguras. Además, podemos dividir los monederos Bitcoin en 5 tipos:

– **Clientes Bitcoin:** son las carteras originales de Bitcoin, para las que debe descargarse en el computador toda la blockchain. Por tanto, su exigencia de recursos es bastante pesada, aunque a cambio la confiabilidad, la privacidad y la descentralización aumentan. También podemos llamarlas nodos completos. El resto de los monederos son nodos simples (SPV).

En los nodos completos se descarga y valida toda la blockchain (más de 124 GB a la fecha). Son los que utilizan los mineros, así que forman parte de la red principal y la mantienen. El más popular de ellos es Bitcoin Core. Los nodos simples, por su parte, pueden verificar si una transacción se realizó sin necesidad de descargar toda la cadena de bloques, y aunque también ayudan a mantener la red, sólo lo hacen siguiendo a los nodos completos.

Ejemplo de nodo completo. Fuente: Bcoin

– **Carteras móviles:** son aplicaciones ligeras, diseñadas para teléfonos inteligentes y tablets, usualmente para los sistemas iOS o Android. Son fáciles de instalar y manejar y requieren de pocos recursos en el dispositivo. Las opciones fundamentales que ofrecen — sus funcionalidades varían — es la generación de claves públicas, el resguardo de la llave privada dentro del software, el respaldo para su recuperación y, por supuesto, enviar y recibir fondos. Dos de ellas son   Mycelium y Breadwallet.

Ejemplo de cartera móvil. Fuente: Mycelium

– Carteras de escritorio: son programas descargables a cualquier PC de escritorio o portátil, usualmente para los sistemas Windows, Linux y MacOS. Sus opciones básicas son las mismas que en una móvil, más ciertas características adicionales según el proveedor y, al igual que las móviles, se consideran carteras calientes. Dos de ellas son Copay y BitGo.

– Carteras de hardware: son pequeños dispositivos, como un pendrive, especialmente diseñados para almacenar bitcoins de forma segura, fuera de línea en todo momento (monederos fríos) y eliminando el riesgo de virus que pudieran tener las aplicaciones. Son las únicas que no son gratuitas. Marcas disponibles son Trezor, Ledger y KeepKey.

- Carteras online: son un servicio que brinda una tercera parte, donde, a diferencia de las demás, se hace presente la centralización, es decir, hay una compañía responsable de la validación de los fondos, de las claves privadas o de ambos. Ofrece las ventajas de poder utilizar los bitcoins desde cualquier dispositivo y tener respaldos automáticos, ya que es muy común perder la llave privada y quedarse sin acceso. Aunque hay que considerar que con esta opción, realmente, los bitcoins suelen estar fuera de nuestro control, y son susceptibles a todo lo que puede ocurrirles en el mundo online: desde estafas hasta hackeos. Dos carteras online son Blockchain y Xapo.

Ejemplo de cartera online. Fuente: Xapo

Más allá de estos cinco tipos, podemos mencionar dos funciones adicionales:

* Carteras de papel: son llamadas así, pero no son realmente carteras y pueden no ser de papel. Se trata simplemente de anotar — o grabar — las llaves públicas y privadas en un soporte físico, que puede ser tanto un papel diseñado que incluya además un código QR — servicio que ya ofrece Bitaddress, por ejemplo — como una placa de metal en la que se haya grabado. Pueden recibirse bitcoins de forma ilimitada, pero para gastarlos es necesario recurrir a alguna de las alternativas que ya mencionamos.

* Función multifirma: en general, los monederos incluyen esta función mediante la cual, si así se configura, se hacen necesarias varias personas para realizar transacciones, tal como ocurre en una cuenta bancaria mancomunada. Todos o al menos varios de los involucrados deben firmar para liberar los fondos. BitPay es una de las compañías que ofrece esta alternativa.

Comprar y vender

En la actualidad hay cuatro formas muy bien definidas y establecidas para comprar y vender bitcoins y criptomonedas, que de seguro se incrementarán en un futuro cercano en la medida que la adopción de bitcoin se popularice aún más, tanto por la incorporación de nuevos usuarios y comerciantes que lo acepten, como por el desarrollo de nuevas aplicaciones basadas en esta tecnología. Los medios actuales para comprar y vender bitcoin son: 1.) Casas de cambio, 2.) Entre personas 3.) Cajeros automáticos y 4.) Tiendas físicas o kioscos.

– Casas de cambio (exchanges): la manera de comprar y vender bitcoins más usada actualmente es a través de casas de cambio, que son empresas online especializadas en la compraventa de criptomonedas. En éstas se pueden adquirir varias de las criptomonedas más importantes a las tasas de cambio que fija el mercado. La compraventa de bitcoin en éstas se puede hacer con o por otras criptomonedas o dinero fiduciario (USD, EUR, JPY, entre otras) a gusto del cliente.

Para comprar y vender bitcoins a través de casas de cambio, el usuario deberá registrarse en el sitio web de la casa de su preferencia e ingresar los datos que la plataforma requiera para comenzar a operar. Estos datos pueden ir desde nombre completo, email y dirección de residencia, hasta número telefónico, pasaporte y estados de cuenta bancarios.

Las casas de cambio cobran una comisión por transacción de compra o venta y otra por transferencia de fondos a la cuenta bancaria del cliente, en caso de venta de bitcoin por dinero fiduciario. Como las comisiones varían entre casas de cambio, el usuario debe realizar su estudio para minimizar estos costos, pero buscando un nivel adecuado de seguridad en la opción escogida.

– **Personas naturales (P2P)**: esta segunda forma de compraventa es posible gracias a la descentralización que proporciona la red, la cual permite al interesado comprar y vender bitcoins directamente a personas cercanas, o simplemente conocidos de Internet con los que haya decidido concretar algún acuerdo de intercambio monetario. Para la compraventa de bitcoins directamente entre personas, que se conozcan o no, los interesados únicamente deberán poseer sus respectivos monederos bitcoin y cuentas bancarias, en caso de intercambio por dinero fiduciario.

El retraso de la transferencia bancaria para la disponibilidad del dinero fiduciario, que puede ser de días, y la necesidad de varias confirmaciones de la transacción en la red, para asegurar la disponibilidad de la criptomoneda en el monedero Bitcoin, que toma varios minutos, originan el riesgo de fraude. El fraude ocurre porque una de las partes incumple su compromiso, ya sea porque no envía la transferencia bancaria o la anula luego de notificarla a su contra – parte o porque incurre en un doble gasto de la criptomoneda objeto del intercambio.

Lo más adecuado para reducir éste riesgo es que la operación de compraventa la realicen las partes lo más simultáneamente posible y la transferencia de fondos se realice entre cuentas del mismo banco, para reducir el tiempo de disponibilidad de fondos a minutos o menos. De ahí que en este tipo de intercambio la confianza juega un papel fundamental. Por ello, se debe ser muy cuidadoso a la hora de comprar o vender bitcoins entre personas directamente.

Algunas maneras de mitigar este riesgo son:

- Acordar una reunión en persona, en caso de que sea posible.
- Utilizar un intermediario, ya sea una persona de confianza entre ambos interesados o un servicio de garantías, comúnmente conocido como "escrow". Los intermediarios pueden cobrar una comisión por el arbitraje en el intercambio de dinero.

– Cajeros automáticos: varias empresas en varios países han instalado cajeros automáticos o ATMs para la compraventa de bitcoins, a veces conocidos también como BTMs. Dependiendo de las capacidades del cajero, se podrán comprar criptomonedas por dinero en efectivo (lo más común) o también vender bitcoins a través de éste.

Para utilizar un cajero de bitcoins, el usuario deberá poseer una cartera de criptomonedas en cualquier dispositivo de fácil movilidad. Si la operación es una compra de bitcoins, el usuario deberá seleccionar dicha operación en el ATM, presentar el código QR de su cartera al lector del cajero, introducir el dinero que quiere usar en la compra, verificar la cantidad de bitcoins que recibirá a cambio y aceptar la compra.

Si lo que desea el usuario es vender bitcoins, deberá seleccionar esta operación en el ATM, introducir el monto en moneda fiduciaria que quiere obtener y aceptar la venta. Esta operación generará una cartera de papel con un código QR a la cual el usuario deberá enviar las criptomonedas (dentro del tiempo establecido para mantener la misma tasa de cambio). Una vez que se hayan dado dos o más confirmaciones en la red, el usuario deberá seleccionar la opción de "redimir" en el cajero, presentar el código QR de la cartera de papel al lector del cajero o introducir algún código que aparezca en el papel dispuesto para retirar el dinero (según sea el caso) confirmar el retiro y tomar su dinero en efectivo.

Algunos cajeros de criptomonedas piden documentos de identificación para realizar transacciones. Por su parte, los operadores de los cajeros automáticos de bitcoins **cobran un porcentaje fijo sobre el monto de la transacción** realizada (comúnmente entre 0% y 7,5%).

– Tiendas físicas o kioskos: existen miles de tiendas físicas o kioscos alrededor del mundo que permiten comprar bitcoins con dinero en efectivo o tarjetas de débito. Estos kioscos requieren muchas veces que el usuario rellene un formulario con datos personales y de la compra, antes de enviarle los bitcoins o entregar una cartera de papel, voucher o tarjeta de regalo redimible.

Al igual que los operadores de cajeros automáticos, los **kioscos cobran un porcentaje fijo sobre el monto de la transacción** realizada (comúnmente entre 5% y 16%).

Enviar y recibir

Ya con una cartera electrónica, pueden empezar a recibirse bitcoins. Para ello sólo se escoge la opción de recibir, y entonces se genera una dirección alfanumérica aleatoria de 33 caracteres de largo — la llave pública — que puede ir acompañada de un código QR. Cualquiera de los dos datos puede otorgarse a la persona que va a enviar los bitcoins o bien introducirlos en otro monedero o casa de cambio para poder recibir lo que se ha comprado.

Una vez con fondos disponibles **podemos enviarlos a cualquier**

dirección que nos otorguen, tan sólo escogiendo la opción de enviar. Allí se introduce la dirección que recibirá los fondos, la cantidad, e incluso puede modificarse el monto de la comisión para los mineros. Mientras más alta sea, más prioridad se dará a la transacción para que sea incluida en la cadena de bloques cuanto antes. Igualmente, en lugar de introducir la dirección, puede escanearse el código QR con la cámara del dispositivo.

En cuanto al envío y recepción para realizar compras en comercios, existe la posibilidad de facilitar el proceso de intercambio de bitcoins para los vendedores mediante el uso de procesadores de pago. Los procesadores de pago integran las carteras bitcoin con las bondades de las casas de cambio, lo que hace posible el intercambio instantáneo de los bitcoins recibidos a cualquier divisa que la plataforma soporte. Además, emiten facturas de la venta realizada.

Otras opciones para conseguir bitcoins
Aparte de la clásica compraventa, intercambio y minería, hay otras maneras, incluso gratuitas, de conseguir algunos bitcoins para iniciarse en el ecosistema. A continuación te enseñamos algunas:

– **Faucets**: son páginas donde puedes ganar algunos satoshis —pequeñas fracciones de bitcoins— a cambio de realizar tareas bastante sencillas, como pulsar un botón, mantener abierta la web por cierto período de tiempo o simplemente comprobar que no eres un robot resolviendo el Captcha. Se mantienen gracias a la publicidad y a las donaciones y para usarlas sólo se debe introducir la dirección bitcoin a la que se enviarán los satoshis.

– **Juegos**: existen numerosos juegos online que otorgan como recompensa algunos satoshis a sus usuarios. Sin duda es una forma divertida —y gratuita— de conseguir la moneda digital. Uno de ellos es SaruTobi de Mandel Duck, donde tan sólo hay que hacer llegar lo más lejos posible a un mono de 8 bits tras columpiarlo en una liana. Otro es Takara, también de Mandel Duck, muy parecido a Pokemón Go.

– Educación: alrededor de todo el globo se están formando campañas educativas, especialmente en las universidades, para enseñar sobre Bitcoin y su funcionamiento. En ellas suele abrírseles una cartera a los participantes y donarles alguna fracción de bitcoins para que empiecen a utilizar la moneda e incluso se realizan sorteos para conseguir cantidades más grandes. Gran ejemplo de ello es la Blockchain Education Network.

– Empleos y venta: por supuesto, al ser bitcoin una moneda como cualquier otra, puede recibirse a cambio de bienes y servicios. Para cualquier comerciante resultaría sencillo empezar a aceptar pagos en bitcoins e inclusive cualquier persona puede poner a la venta algún objeto y cobrar en bitcoins. Lo primero que se compró con bitcoins fueron un par de pizzas, hace unos 7 años.

Por otro lado, usualmente se piensa que los empleos que paguen en bitcoins deben tener que ver necesariamente con programación o, como mínimo, ser a distancia (Freelance). Y si bien es cierto que estos son los más populares, siempre se puede negociar, en cualquier trabajo, si el método de pago puede ser en bitcoins. Algunas empresas totalmente fuera del ecosistema, como la gigante EY y los pequeños comercios de Rovereto, el criptovalle italiano, ofrecen abiertamente la posibilidad de cobrar en bitcoins.

¿Dónde puedes gastar tus bitcoins?

La aplicación para Android BitcoinMap te permite buscar tiendas físicas que acepten BTC en todo el mundo. Fuente GooglePlay

Ya tienes un monedero con bitcoins. Y ahora, ¿qué? Lo cierto es que, de momento, es poco probable que puedas gastarlos en la tienda de la esquina. Sin embargo, las opciones van mucho más allá del mundo online. Si bien es cierto que se puede pagar directamente con bitcoins en muchas tiendas web, como Microsoft,

Dell, Expedia y G2A; o comprar tarjetas de regalo que a su vez pueden gastarse en sitios como Amazon, iTunes, Starbucks o eBay; esto no quiere decir que no existan numerosos comercios físicos donde se acepte la criptomoneda.

De hecho, existen páginas web que funcionan como mapas para encontrar esos comercios en todo el mundo. Una de ellas es Coin-Map, donde están registradas **9356 tiendas de todo tipo a nivel global**, entre las que se incluyen restaurantes, mecánicas, galerías de arte, locales de informática, agencias de viajes, ventas de ropa, clínicas y mucho más. Con bitcoin puedes comprar desde una hamburguesa o un sándwich hasta alquilar un Ferrari o comprar un monociclo motorizado. Por el contrario, puedes decidir guardarlos como un depósito de valor — ya que no es extraño que su precio aumente con el tiempo— o enviárselos a algún familiar como remesa a otro país, de forma rápida, fácil y segura.

El bar Doble Seis de Palermo (Argentina) es uno de los muchos comercios que aceptan BTC en el país. Fuente: La Nación

Los lugares que aceptan bitcoins cada vez aumentan más. En Japón se ha disparado su adopción, así como en Rusia y España. Para encontrar donde gastar tus bitcoins, sólo tienes que buscar cerca de ti en el mapa.

www.ingramcontent.com/pod-product-compliance
Lightning Source LLC
Chambersburg PA
CBHW020608220526
45463CB00006B/2503